म्यूचुअल फंड - निवेश सूत्र

सफल म्यूचुअल फंड निवेश की कुंजी

AJAY SINGH

ISBN
Paperback 979-8-89724-006-7
Hardcase 979-8-89724-007-4

Disclaimer

इस पुस्तक में दिए गए कंपनियों के नाम, व्यापार नाम, ट्रेडमार्क, कॉपीराइट उनके संबंधित स्वामियों की संपत्ति है।

लेखक ने यह सुनिश्चित करने के लिए हर संभव प्रयास किया है कि प्रकाशन से पहले इसमें दी गई जानकारी सही थी, लेखक और प्रकाशक किसी भी पक्ष को त्रुटियों के कारण होने वाले किसी भी नुकसान या क्षति के लिए कोई दायित्व नहीं मानते हैं चाहे ऐसी त्रुटियाँ चूक, लापरवाही, दुर्घटना या किसी अन्य कारण से हुई हों।

इस पुस्तक में उल्लेखित कोई भी बात लेखक या प्रकाशक द्वारा किसी भी वित्तीय साधन को खरीदने या बेचने के लिए अनुरोध, अनुशंसा, समर्थन या प्रस्ताव नहीं है।

यह पुस्तक वित्तीय सलाह का विकल्प नहीं है। पाठकों को निवेश करने से पहले किसी वित्तीय सलाहकार से परामर्श करना चाहिए।

अंत में, कोई भी नाम, चरित्र, स्थान या घटना या तो लेखक की कल्पना का उत्पाद है या काल्पनिक रूप से उपयोग की गई है। वास्तविक व्यक्तियों, जीवित या मृत, व्यवसायों, कंपनियों, घटनाओं या स्थान से कोई भी समानता पूरी तरह से संयोग है।

अंतर्वस्तु

भाग III: म्युचुअल फंड लेनदेन

भाग IV: MUTUAL FUNDS MYTHS

प्रस्तावना

म्यूचुअल फंड निवेशकों के लिए पसंद के निवेश उत्पाद के रूप में उभरे हैं। भारत में म्यूचुअल फंड की

पहुंच अभी बहुत कम है लेकिन यह लगातार बढ़ रही है। निवेशकों को फंड निवेश संबंधी निर्णय लेने के लिए वितरकों, रिलेशनशिप मैनेजर्स या बैंक कर्मचारियों पर निर्भर रहना पड़ता है। फंड उद्योग की भाषा जटिल है और शब्दकोष उलझन से भरा है। समझदारी से म्यूचुअल फंड्स में निवेश करने की जानकारी देने वाले कुछ ही स्रोत हैं। यह पुस्तक इसी कमी को पूरा करने का प्रयास है।

यह पुस्तक म्यूचुअल फंड की अवधारणा के परिचय के साथ शुरू होती है। यह विभिन्न प्रकार के म्यूचुअल फंडों के बारे में बताती है। बाद में यह एक उपयुक्त म्यूचुअल फंड का चयन करने के लिए चरण दर चरण प्रक्रिया प्रदान करती है। म्यूचुअल फंड निवेश में कौनसी गलतियाँ हैं जिनसे आपको बचना चाहिए? अपने जोखिम स्तर के अनुसार फंड पोर्टफोलियो कैसे बनाएं? यह इन सभी और अन्य प्रश्नों को सुलझाने का प्रयास करती है जो म्यूचुअल फंड में निवेश करते समय एक निवेशक को परेशान करते हैं। म्यूचुअल फंड्स से जुड़ी शब्दावली को सरल भाषा में समझाया गया है। यह पुस्तक यह सुनिश्चित करेगी कि आप एक जानकार म्यूचुअल फंड निर्णय ले सकें।

यह गाइड मुख्य रूप से म्यूचुअल फंड निवेशकों, वित्तीय योजनाकारों और म्यूचुअल फंड के बारे में उत्सुक किसी भी व्यक्ति के लिए है। इसका उद्देश्य एक शुरुआती और अनुभवी निवेशक दोनों की सेवा करना

है। हालांकि इसमें सभी प्रकार के म्यूचुअल फंडों को शामिल में सभी प्रकार के वित्तीय फंड शामिल किया गया है, मुख्य फोकस विशेष रूप से व्यक्तिगत निवेशक और इक्विटी म्यूचुअल फंड पर है।

म्यूचुअल फंड निवेश को सरल बनाना चाहते हैं लेकिन फंडों की भारी संख्या से भ्रम पैदा होता है। भारत में 2200 से अधिक योजनाओं वाली 44 एएमसी हैं। मिससेलिंग व्यापक रूप से प्रचलित है। म्यूचुअल फंड वितरक और बैंक कर्मचारी उपयुक्त सलाह देने में अक्षम हैं। अपने वित्तीय कल्याण को सुनिश्चित करने के लिए स्वशिक्षा एवं जागरूकता की आवश्यकता है। यह पुस्तक इसी आवश्यकता को पूरा करने का प्रयास करती है। यदि आप पेशेवर सहायता प्राप्त करना चाहते हैं, तो भी फंड निवेश का बुनियादी ज्ञान आपके काम आयेगा। यह आपको योजनाकार/ सलाहकार की क्षमता को बेहतर ढंग से आंकने और अपने हितों की रक्षा करने के लिए सशक्त बनाएगा।

इस पुस्तक में आपको म्यूचुअल फंड निवेश निर्णय लेने के लिए आवश्यक सभी महत्वपूर्ण अवधारणाएँ मिलेंगी। इस पुस्तक के चार भाग हैं। भाग एक म्यूचुअल फंड अवधारणा का परिचय है, भाग दो बाजार में उपलब्ध विभिन्न म्यूचुअल फंड उत्पादों की जानकारी देता है, भाग तीन लेन-देन से संबंधित है और भाग चार म्यूच्यूअल फंड के संबंध में निवेशकों के संदेह और मिथकों को दूर करता है। इस पुस्तक की योजना इस प्रकार बनाई गई है कि आप किसी भी विषय को पढ़ सकें। बस इंडेक्स के माध्यम से उस विषय को खोजें जिसके बारे में जानना चाहते हैं। यदि आप अनिश्चित हैं, तो शुरुआती अध्याय से शुरू करें और कालक्रम में पढ़ें।

म्यूचुअल फंड निवेशकों को उत्कृष्ट सेवा के साथ व्यावसायिक रूप से प्रबंधित, अच्छी तरह से विविध निवेश उत्पाद प्रदान करके एक बड़ी आवश्यकता की पूर्ति कर रहे हैं। म्यूचुअल फंड्स में कुछ कमियां हैं लेकिन यह समय के साथ बेहतर हो रहे हैं। बुद्धिमानी और सूझबूझ से निवेश करके हम इस उत्पाद का लाभ उठा सकते हैं। इस पुस्तक का उद्देश्य आपको इस प्रयास में मदद करना है।

भाग I

म्यूचुअल फंड परिचय

1

म्युचुअल फंड

म्युचुअल फंड निवेश निवेशकों के एक समूह के द्वारा किए गए निवेश की तरह है। एक व्यक्ति के पास दोस्तों के एक समूह के मुकाबले निवेश के लिए कम राशि है। अब मान लीजिए कि व्यक्तियों का यह समूह निवेश में नौसिखिया है और इसलिए वह अपने इकट्ठे किए गए धन को एक विशेषज्ञ को निवेश करने के लिए दे देता है। यह विशेषज्ञ दोस्तों के समूह का पैसा विभिन्न संपत्तियों में निवेश करता है। निवेश से प्राप्त लाभ या हानि को विशेषज्ञ दोस्तों के बीच उनके निवेश के अनुपात में बांट देता है।

एक म्युचुअल फंड भी ऐसे ही काम करता है। फंड निवेशकों के धन को इकट्ठा करता है और एक पेशेवर कंपनी को धन प्रबंधन के लिए दे देता है। एमसी निवेशकों के पैसों को उनकी तरफ से एक समान निवेश उद्देश्य के अनुसार निवेश करती है।

इसलिए म्युचुअल फंड एक निवेश वाहन है जो निवेशकों के धन को पूल (इकट्ठा) करता है और निवेशकों की तरफ से पैसा स्टॉक, बॉन्ड और अन्य संपत्तियों में निवेश करता है।

एमसी एक वादा करती है कि वह पैसे को एक विशेष तरीके से निवेश करेगी। इस वादे में फंड किस प्रकार की सिक्योरिटी में निवेश करेगा यह शामिल है। सेबी और ट्रस्टी बोर्ड यह सुनिश्चित करते हैं कि फंड अपने जनादेश के अनुसार निवेश करे।

म्युचुअल फंड के संयुक्त होल्डिंग्स को पोर्टफोलियो के रूप में जाना जाता है। प्रत्येक इकाई फंड की होल्डिंग्स में अनुपातिक स्वामित्व और उन होल्डिंग से उत्पन्न आय का प्रतिनिधित्व करती है। एक म्युचुअल फंड अपनी सेवाओं के लिए प्रबंधन शुल्क चार्ज करता है। म्युचुअल फंड द्वारा प्राप्त किया गया लाभ या हानि निवेशकों के साथ उनके निवेश के अनुपात में बांट दिया जाता है। म्युचुअल फंड इस प्रकार प्रत्येक निवेश की कमियों को काफी हद तक काम करते हैं।

किसी योजना का प्रदर्शन उसके नेट ऐसेट वैल्यू में बदलाव से मापा जाता है। एक फंड का NAV योजना की एक इकाई की कीमत है। चूंकि सिक्योरिटीज का बाजार मूल्य हर दिन बदलता रहता है इसलिए योजना के NAV भी तदनुसार बदलते हैं। म्युचुअल फंड दैनिक आधार पर योजनाओं की NAV घोषित करते हैं।

म्यूच्यूअल फंड कैसे काम करते हैं

म्युचुअल फंड के लाभ

भारतीय पारंपरिक रूप से कम जोखिम वाली संपत्तियों में निवेश करते हैं लेकिन यह व्यवहार धीरे-धीरे बदल रहा है। अब हमारे पास एक युवा

जनसंख्या के साथ एक समृद्ध अर्थव्यवस्था है। पारंपरिक साधनों पर रिटर्न कम हो रहे हैं। यह हमें पारंपरिक निवेश के अलावा अन्य विकल्पों पर भी विचार करने के लिए मजबूर करता है।

म्युचुअल फंड हमारे विभिन्न आवश्यकताओं के अनुरूप बेहतरीन विकल्प प्रदान करते हैं। म्युचुअल फंड के बारे में सबसे अच्छी बात यह है कि आप आश्वस्त हो सकते हैं कि आपका निवेश अच्छे हाथों में है। अन्य निवेशों के विपरीत म्युचुअल फंड हमेशा पेशेवर रूप से प्रबंधित होते हैं। म्युचुअल फंड स्टॉक, बैंक जमा, सोना रियल स्टेट, बॉन्ड और अन्य मनी मार्केट इंस्ट्रूमेंट जैसी अधिकांश अन्य निवेश संपत्तियां द्वारा प्रदान किए जाने वाले लाभ प्रदान करते हैं। आईए इन लाभों को विस्तार से देखें।

व्यावसायिक प्रबंधन

क्या हम घर पर ही अपना इलाज करते हैं? इसका जवाब है नहीं, हम एक डॉक्टर के पास जाते हैं जो एक विशेषज्ञ होता है। इसी तरह, म्युचुअल फंड का प्रबंध फंड मैनेजर द्वारा किया जाता है जो निवेश के चयन में विशेषज्ञ रखता है। उनके पास वह ज्ञान और अनुभव होता है जो हम आम निवेशकों के पास नहीं होता।

पोर्टफोलियो मैनेजर और शोधकर्ताओं का काम फंड के लिए उपयुक्त निवेश का विश्लेषण करना और उसे खरीदना होता है। यह विशेषज्ञ ऐसे निवेश खोजते हैं जो फंड के घोषित उद्देश्यों को पूरा करते हो।

विविधीकरण

"अपने सभी अंडे एक टोकरी में ना रखें" एक पुरानी कहावत है जो आज भी उतनी ही सच है। म्युचुअल फंड चुन्नी वाले किसी भी निवेशक के लिए विधिकरण एक बड़ा फायदा है।

अधिकांश फंड दर्जनों कंपनियों के शेयर या बंद रखते हैं इस प्रकार किसी एक कंपनी या क्षेत्र से जोखिम के खिलाफ विविधीकरण करते हैं। हम

अपने दम पर ऐसा भी विधिकरण हासिल नहीं कर सकते। जब तक हमारे पास निवेश के लिए बड़ी मात्रा में पैसा और समय ना हो, यह मुश्किल और महंगा है।

लिक्विडिटी

मान लीजिए कि आप अपनी बेटी की शादी के लिए निवेश कर रहे थे। आपकी निवेश में अच्छी वृद्धि हुई। हालांकि, जब आपको उसे पैसे की जरूरत होती है तो आप अपना पैसा वापस नहीं निकाल पाते हैं। वास्तव में, हम में से हर कोई चाहता है की जरूरत पड़ने पर निवेश किए गए फंड तक पहुंच हो। अगर आप जरूरत पड़ने पर अपने निवेश को भुला नहीं पाए तो इसका कोई फायदा नहीं है।

लिक्विड निवेश वह होता है जिसे बिना ज्यादा नुकसान के आसानी से बेचा जा सकता है। म्युचुअल फंड आसानी से खरीदे और बेचे जा सकते हैं।

कम लागत

जब भी हम थोक में चीज खरीदने हैं तो हमें छूट मिलती है। म्युचुअल फंड बड़े टिकट वाले लेनदेन करते हैं जिसके परिणामस्वरूप कम लेनदेन लागत आती है। म्युचुअल फंड में निवेश करने पर हमें व्यक्तिगत प्रतिभूतियों को खुद खरीदने की तुलना में कम लागत आती है। फंड मैनेजर हमारे द्वारा भुगतान की जाने वाली लागत के एक अंश पर प्रतिभूतियों को खरीद और बेच सकते हैं।

यह तब स्पष्ट हो जाता है जब हम बीमा जैसे अन्य वित्तीय साधनों के साथ लागत की तुलना करते हैं।

सुविधा

म्युचुअल फंड खरीदना आसान है। आप म्युचुअल फंड ऑनलाइन खरीद सकते हैं। आप छोटी मात्रा में खरीद सकते हैं। आप आसानी

से भूना सकते हैं। आप sip के माध्यम से निवेश को स्वचालित कर सकते हैं।

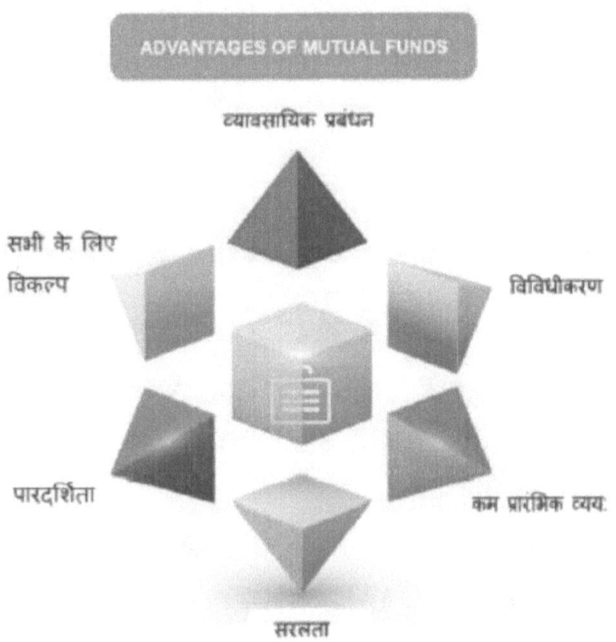

म्युचुअल फंड में शुल्क और खर्च क्या हैं?

म्युचुअल फंड्स को स्कीम के संचालन में विभिन्न खर्च करने पड़ते हैं। इन खर्चों में एमसी का निवेश प्रबंधन और सलाहकार खर्च और रजिस्ट्रार की सेवाओं के लिए खर्च शामिल है। जब हम म्युचुअल फंड में निवेश करते हैं तो एजेंट की फीस, मार्केटिंग और सेलिंग के खर्च भी जुड़े होते हैं। योजना, हमें इन खर्चों की कटौती के बाद इकाइयां देती है। इसके लिए वह कुछ शुल्क निवेश को पर लगाती है जैसे:

- Entry Load: जब हम म्युचुअल फंड में निवेश करते हैं तो एक छोटी राशि का व्यय वितरकों को दिया जाता है। इस राशि को प्रविष्टि या फ्रंट एंड लोड के रूप में जाना जाता है। अगस्त 2009 से सेबी ने प्रवेश भार पर प्रतिबंध लगा दिया है।

- **Exit load:** जब हम एक निश्चित अवधि से पहले निवेश का भुगतान करते हैं तो एमसी NAV पर एक छोटी राशि का निकास शुल्क लगाती है। यह शुल्क जल्द निकासी को हतोत्साहित करने के लिए है। कुछ योजना में CDSC (Contingent deffered sales charge) शुल्क है। CDSC Exit load का एक संशोधित रूप है, जिसमें आपको निवेश की अवधि के आधार पर निकास भार भुगतान करना पड़ता है।

एक स्थिर परी संपत्ति आधार फंड प्रबंधक को बेहतर रिटर्न उत्पन्न करने में मदद करता है। CDSC संरचना लंबी अवधि के निवेश को पुरस्कृत करता है और जल्दी निकासी को हतोत्साहित करता है। CDSC में एग्जिट लोड छोटी अवधि के लिए अधिक होता है और धीरे-धीरे समय के साथ कम होता जाता है। यदि आप अधिक समय तक निवेशित रहते हैं तो लोड खत्म हो जाता है।

QUANTUM long term equity fund के लिए cdsc का एक उदाहरण:

- पहले 180 दिनों के भीतर 4%
- 181 से 365 दिन 3%
- 366 से 540 दिन 2%
- 540 से 730 दिन 1%

जैसा कि हम देख सकते हैं, अगर किसी निवेशक ने 180 दोनों के भीतर रिडीम किया तो उसे 4% एग्जिट लोड देना होगा। अगर वह दो साल या उससे अधिक दिनों तक निवेशित रहता है, उसे कोई निकास भार भुगतान नहीं करना पड़ता।

Expense Ratio: व्यय अनुपात एक म्यूचुअल फंड द्वारा लगाए गए शुल्कों का मानक है। यह वर्ष में फंड के खर्चों को फंड के औसत आकार से विभाजित करके निर्धारित किया जाता है। व्यय को NAV में समायोजित किया जाता है और योजना में एकत्र किए गए कुल धन

पर लगाया जाता है। इसका मतलब है कि बड़े आकार के फंड का व्यय अनुपात छोटे आकार के फंड की तुलना में कम होगा।

शुल्क फंड के रिटर्न को कम करते हैं। इसका प्रभाव विशेष रूप से debt फंडों में दिखाई पड़ता है। फंड श्रेणी के आधार पर शुल्क 0.20% से 2.5% तक हो सकता है। यदि एक प्रतिशत या 2% आपको एक छोटी संख्या लगता है तो मैं आपको दोबारा सोचने के लिए कहूंगा। लंबी अवधि के लिए निवेश करते वक्त (जैसे रिटायरमेंट, बच्चों की पढ़ाई) यह शुल्क भारी पड़ सकता है।

आगे एक उदाहरण के साथ समझता हूं।

मान लीजिए की आप म्युचुअल फंड स्कीम में प्रतिवर्ष ₹10000 की राशि निवेश करते हैं जो 10% की दर से बढ़ता है। नीचे दिए गए चार्ट पर विचार करें जो दिखाता है कि आपका फंड 10 वर्ष की अवधि में दो अलग-अलग परिदृश्यों के तहत कैसे बढ़ेगा, पहला बिना किसी व्यय और दूसरा दो प्रतिशत के व्यय अनुपात के साथ।

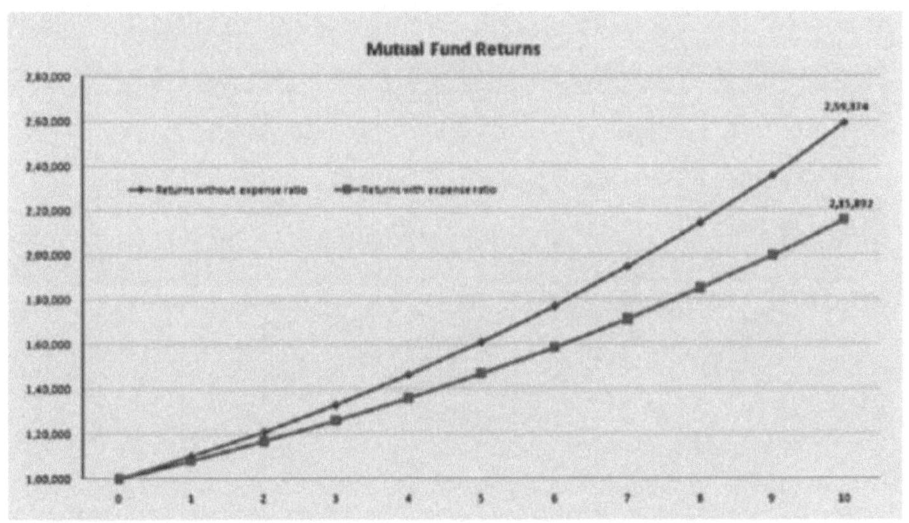

आपका निवेश बिना किसी खर्च के मामले में 10 वर्षों के अंत में कुल 2.6 लाख रुपए तक बढ़ेगा। दूसरे मामले में जहां म्युचुअल फंड 2% शुल्क लेता है, आप केवल 2.16 लख रुपए पाएंगे जो पिछले परिदृश्य की तुलना में 43000 रुपए कम है।

इस प्रकार, दो प्रतिशत का एक छोटा सा खर्च आपका रिटर्न को (10 वर्ष की अवधि में) 16% तक कम कर सकता है। यदि हम निवेश राशि (या निवेश की अवधि या जमा की आवर्ती) बढ़ाते हैं तो यह नुकसान और भी अधिक होगा। सभी चीजें समान हों तो आपको एक कम व्यय अनुपात वाले फंड का चयन करना चाहिए।

NOTES

2

NAV क्या है और यह क्यों महत्वपूर्ण है?

NAV या नेट ऐसेट वैल्यू म्युचुअल फंड स्कीम की एक यूनिट की कीमत है। यदि आप किसी योजना में निवेश करते हैं तो आप उसकी वर्तमान NAV पर निवेश करते हैं। इसी तरह जब आप अपने निवेश को भुनाते हैं तो आप वर्तमान NAV पर भुनाते हैं।

उदाहरण के लिए, एक एमसी ने इक्विटी मार्केट में ₹20000 का निवेश किया। इस निवेश का वर्तमान मूल्य ₹24000 है। इकाइयों को संभालने में होने वाला खर्च 1000 रुपए है। सभी निवेशकों को आवंटित इकाइयों की संख्या हजार है। तो स्कीम का NAV है,

- ऐसेटेट: रु 24000
- खर्च: ₹1000
- इकाइयों की संख्या: 1000
- NAV =(24000-1000)/1000
- =23000/1000
- NAV =23

यह क्यों महत्वपूर्ण है?

म्युचुअल फंड का NAV विभिन्न कारणों से महत्वपूर्ण है,

यह योजना की एकल इकाई का मूल्य है।

किसी भी योजना का वर्तमान NAV आपको फंड योजना के प्रदर्शन को मापने में मदद करता है।

उदाहरण:

यदि जनवरी 2015 में एक योजना की NAV₹20 थी और 1 साल बाद NAV ₹24 है तू स्कीम ने 20% रिटर्न दिया है। 1 साल के बाद NAV आठ रूपये है तो स्कीम ने नकारात्मक 60% रिटर्न दिया है।

कम NAV वाला फंड एक अच्छा विकल्प है क्योंकि यह सस्ता होता है (या NFO सस्ते होते हैं)।

कम NAV वाले म्युचुअल फंड सस्ते नहीं होते। असल में जो मायने रखता है वह है निवेश पर प्रतिशत रिटर्न। इसलिए, ₹10 की NAV वाला फंड जो बढ़कर 15 के NAV पर पहुंच जाता है जाता है वह ₹100 की NAV वाले फंड के बराबर रिटर्न देता है जो बढ़कर डेढ़ सौ रुपए का हो जाता है। NAV का मान प्रासंगिक नहीं है।

NOTES

भाग 2

म्युच्यल फंड प्रकार

3

म्यूच्यूअल फंड के प्रकार

म्यूच्यूअल फंड निवेशकों की विभिन्न जरूरतों के अनुरूप विभिन्न योजनायें प्रदान करते हैं। आप अपने निवेश उद्देश्य से मेल खाने वाली एक योजना का चयन कर सकते हैं। म्यूच्यूअल फंड में निवेश करते समय, आपको योजना के प्रस्ताव दस्तावेज का ध्यानपूर्वक अध्ययन करना चाहिए। योजना की मुख्य विशेषताओं, जोखिम कारकों, व्यय, निकास भार, प्रायोजक और फंड प्रबंधक के रिकॉर्ड, पिछले और लंबित मुक़दमे/ चूक के बारे में जानें। हालिया अच्छा प्रदर्शन, भविष्य के प्रदर्शन की गारंटी नहीं देता पर यह निवेश निर्णय लेने के लिए महत्वपूर्ण कारकों में से एक है।

प्रत्येक फंड में पूर्व निर्धारित उद्देश्य होते हैं जो फंड की संपत्ति और निवेश रणनीतियों को तैयार करते हैं।

मौलिक तौर पर, म्यूच्यूअल फंड की तीन किस्म हैं

- इक्विटी फंड (स्टॉक)
- डेबिट फंड (बॉन्ड)
- हाइब्रिड फंड

म्यूचुअल फंड को फंड की परिपक्वता के आधार पर open end या close end के रूप में भी वर्गीकृत किया जा सकता है। Open ended फंड्स किसी भी समय खरीदी या बेचे जा सकते हैं। Closed ended funds केवल NFO पीरियड में खरीदे जा सकते हैं और मैच्योरिटी पर बेचे जा सकते हैं।

डेबिट फंड

डेबिट फंड्स गवर्नमेंट बॉन्ड्स और सिक्योरिटीज, कॉरपोरेट बॉन्ड, debentures और other debt सिक्योरिटीज में निवेश करते हैं। डेबिट फंड एस पूंजी संरक्षण और आय उत्पन्न करने के लिए हैं। यह फंड पूंजी वृद्धि के लिए नहीं है। डेबिट फंड्स को परिपक्वता अवधि या उन उपकरणों के आधार पर विभाजित किया जा सकता है जिनसे फंड बना है।

S.N	Fund	Definition	Risk	Return	Horizon
10	Liquid funds	Debt funds that invest in debt securities such as CDs, commercial papers with maturities less than 90 days.	Low	Low	0 - 1 year
	Gilt funds	Funds that invest in government debt securities only.	Medium	Low	> 5 years
	Fixed maturity plans	Debt funds that invest in securities which all mature at a predefined period.	Low	Low	> 5 years

लिक्विड फंड, बचत खाते का विकल्प

वित्त में लिक्विड शब्द का मतलब है आसानी से नकदी में परिवर्तित हो सकना।Liquid फंड्स सभी फंडों में सबसे अधिक liquid हैं। यह फंड आमतौर पर ट्रेजरी बिल्स, 90 दिनों से कम परिपक्वता वाले Certificate ऑफ डिपॉजिट (CD) और Commercial पेपर्स (CP) में निवेश करते हैं। यह लिक्विड फंड्स को सभी प्रकार के म्युचुअल फंड के बीच सबसे कम जोखिम वाला फंड बनाता है।

लिक्विड फंड बचत खाता का एक अच्छा विकल्प हैं। यह फंड बचत खाते से बेहतर रिटर्न प्रदान करते हैं। इनमें कोई प्रविष्टि या निकास भर नहीं

है और इन्हें एक दिन के भीतर रिडीम किया जा सकता है। अब कुछ फंड आपको एटीएम के माध्यम से रिडीम करने की अनुमति भी देते हैं। इन सभी विशेषताओं के कारण लिक्विड फंड कॉरपोरेट और व्यक्तिगत निवेशकों दोनों के लिए उपयुक्त हैं।

जब आप यह त्याग कर रहे हो कि आप अपने धन के साथ क्या करना चाहते हैं तो अपने धन को लिक्विड फंड में रख सकते हैं। आप बाद में एक लिक्विड फंड से इक्विटी फंड में धन हस्तांतरण कर सकते हैं। आपातकालीन रिजर्व को लिक्विड फंड के रूप में बेहतर रिटर्न प्राप्त करने के लिए भी इस्तेमाल किया जा सकता है।

लिक्विड फंड में निवेश करते समय आपकी प्राथमिकता सुरक्षा, लिक्विडिटी और फिर रिटर्न होनी चाहिए। पर्याप्त फंड साइज और कम व्यय अनुपात वाले फंड की तलाश करें। अधिकांश लिक्विड फंड के रिटर्न लगभग बराबर होते हैं और अधिकांश फंड में AAA रेटेड डेट सिक्योरिटीज का पोर्टफोलियो होता है। AAA उच्चतम रेटिंग है जिसका अर्थ है कि ब्याज और मूल पुनर भुगतान पर डिफॉल्ट की संभावना सबसे कम है। आईए एक बार फिर लिक्विड फंड के फायदे को दोबारा दोहराते हैं।

लिक्विड फंड के लाभ

1. उच्च रिटर्न

लिक्विड फंड्स बैंक बचत खाते से कम से कम 1% बेहतर रिटर्न दिया है। लिक्विड फंड पर रिटर्न सऊदी जमा (FD) से भी अधिक हो सकता है। लिक्विड फंड पर ब्याज दैनिक आधार पर भुगतान किया जाता है जबकि बचत खाते पर ब्याज तिमाही आधार पर भुगतान किया जाता है।

2. कम जोखिम

लिक्विड फंड 91 दिनों से कम परिपक्वता वाले अल्पकालिक प्रतिभूतियों में निवेश करते हैं। यह इन फंडों को अन्य फंडों की तुलना में कम अस्थिर बनाता है क्योंकि निकट अवधि में डिफॉल्ट का जोखिम कम होता है।

3. आसान रिडेंप्शन

लिक्विड फंड रिडीम करना आसान है। आप एक दिन के नोटिस पर पैसे रिडीम कर सकते हैं। यदि 2:00 बजे से पहले रिडेंप्शन अनुरोध किया जाता है, तो आपको अगली सुबह 10:00 बजे तक पैसे मिलेंगे। कुछ फंड अब एटीएम कार्ड के माध्यम से निकासी का लाभ प्रदान करते हैं। अन्य प्रमुख लाभ यह है कि आप आंशिक निकासी भी कर सकते हैं जो की बैंक FD में संभव नहीं है।

4. नगदी प्रबंधन के लिए बढ़िया

लिक्विड फंड बजट खाते की तुलना में अल्प अवधि के लिए आदर्श उत्पाद हैं। छोटे व्यापारी लिक्विड फंड का उपयोग कर सकते हैं क्योंकि यह बचत खाते और चालू खाते से बेहतर रिटर्न देते हैं और लिक्विड भी हैं। इन फंडों में कोई lock in अवधि नहीं है। आप एक दिन या सप्ताहांत के लिए भी निवेश कर सकते हैं।

5. कोई जुर्माना नहीं

यदि आपके लिक्विड फंड फोलियो में बैलेंस कम है, तो भी एमसी द्वारा कोई जुर्माना नहीं लिया जाएगा। जबकि बैंक₹50 से हजार रुपए के बीच जुर्माना लेते हैं। इसका मतलब है कि यदि आवश्यक हो तो आप किसी भी जुर्माने के बिना एक लिक्विड फंड से सभी पैसे वापस निकाल सकते हैं।

Liquid Funds

- लिक्विड फंड बेहद अल्पकालिक निश्चित आय उपकरणों में निवेश करते हैं।

- रिटर्न बहुत अधिक नहीं देते, लेकिन प्रिंसिपल सुरक्षित है।

- आप इसमें अपने बचत खाते के पैसे का एक हिस्सा निवेश कर सकते हैं।

- बचत खाते से बेहतर रिटर्न देते हैं लेकिन सावधि जमा से कम रिटर्न देते हैं।

- इन्हें एक दिन के भीतर रिडीम किया जा सकता है, कुछ तत्काल रिडेंप्शन भी प्रदान करते हैं।

- यह निकास भार चार्ज नहीं करते।

	Savings Account	Liquid Fund
Return	3-%4%	4% -6%
Risk	Nil	Nil
Accessibility	Instant	instant - 3 days
Expenses & fees	Nil	पॉइंट 2 से पोइन्ट 3 %
Fine	Rs.500 - Rs. 1500	No
Minimum Investment	0 -10000	Rs.500

Gilt Funds

Gilt funds केवल ट्रेजरी बिल्लू और सरकारी सिक्योरिटीज में निवेश करते हैं, जिनमें डिफॉल्ट जोखिम नहीं है। लेकिन ब्याज दरों और अन्य आर्थिक कारकों में बदलाव के कारण इन फंडों के NAV में उतार-चढ़ाव जरूर होता है। अगर आप कम जोखिम और उच्च लिक्विडिटी चाहते हैं तो आप गिल्ट फंड चुन सकते हैं।

Fixed Maturity Plans

Fixed maturity plans वे फंड्स है जहां उन सिक्योरिटीज में निवेश किया जाता है जिनकी परिपक्वता फंड परिपक्वता से मेल खाती है। फिक्स्ड मेच्योरिटी प्लान क्लोज्ड एंडेड स्कीम हैं और पोस्ट nfo निवेश नहीं स्वीकार करते।

निवेश विकल्पों पर निर्णय लेने में फंड मैनेजर की कम चल भूमिका होती है। यदि आप परिपक्वता तक योजना में निवेश करते हैं तो संभावित रिटर्न स्पष्ट हैं (हालांकि इस तरह के रिटर्न की कोई गारंटी या आश्वासन नहीं है)। अतः अन्य निवेशों जैसे बैंक जमा के साथ FMP रिटर्न की तुलना कर सकते हैं। हालांकि, इस योजना का NAV बाजार में उतार-चढ़ाव के साथ बदलता जरूर है। यदि फिक्स्ड मेच्योरिटी प्लान की गैर सरकारी पेपर में निवेश है तो क्रेडिट जोखिम भी एक मुद्दा है।

हाइब्रिड फंड

हाइब्रिड फंड ऐसे फंड होते हैं जो इक्विटी और डेबिट के मिश्रण में निवेश करते हैं। निवेश उद्देश्य और बाजार में अवसरों के अनुसार इक्विटी और डेबिट अनुपात बदलता है।

S.N	Fund	Definition	Risk	Return	Horizon
	Balanced	Funds that invest 65% of their assets in equity and rest in debt.	High	High	3 - 5 years
	CHF	Hybrid funds with 15-20 % in equity and rest in debt and which seek to distribute monthly dividends	Medium	Medium	3 -5 years
	Capital protection	Funds that invest in a manner that ensure the return of the original capital.	Low	Low	1 - 3 years

Conservative Hybrid Fund

कंजरवेटिव हाइब्रिड फंड हर महीने एक डिविडेंड डिस्ट्रीब्यूशन कर सकते हैं।

कंजरवेटिव हाइब्रिड फंड आमतौर पर इक्विटी में 15 से 20% निवेश करता है जबकि बाकी को कॉरपोरेट बॉन्ड और सरकारी प्रतिभूतियों में के संयोजन में तैनात किया जाता है। यदि आप FD की तुलना में बेहतर रिटर्न के साथ नियमित आय की मांग कर रहे हैं तो आप कंजरवेटिव हाइब्रिड फंड पर विचार कर सकते हैं।

Capital Protection Oriented Schemes

Capital protection oriented schemes पूंजी कि सुरक्षा सुनिश्चित करते हैं। यह योजनाएं AAA रेटेड

बॉन्ड (या सरकारी बॉन्ड) में अपने पोर्टफोलियो का एक हिस्सा इस तरह से निवेश करती हैं की परिपक्वता पर यह निवेश मूल पूंजी का 100% तक बढ़ता है। रिटर्न उत्पन्न करने के लिए पोर्टफोलियो का शेष अन्य परिसंपत्तियों (आमतौर पर इक्विटी) में निवेश किया जाता है।

Balanced Funds

Balanced फंड एक कम जोखिम चाहने वाले निवेशक को कुछ इक्विटी एक्स्पोज़र रखने का अवसर प्रदान करता है। इक्विटी फंड की तुलना में balanced फंड आपके संभावित नुकसान को सीमित करता है, हालांकि यह आपका रिटर्न को भी सीमित करता है। जब एक समूह के रूप में इक्विटी अच्छा प्रदर्शन नहीं कर रही है, तो बैलेंस्ड फंड ऋण घटक के कारण बेहतर रिटर्न देते हैं।

यदि आप उन लक्ष्यों को प्राप्त करने के लिए बचत कर रहे हैं जो 3 से 5 साल दूर है, तो आप balanced फंड के लिए जा सकते हैं। ये फंड इक्विटी और ऋण के मिश्रण में निवेश करते हैं जो आपको दोनों फंडों के फायदे प्रदान करते हैं।

Balanced funds

- Balanced fund सुरक्षा, आय और पूंजी वृद्धि का एक संतुलित मिश्रण प्रदान करते हैं।

- यह निश्चित आए और इक्विटी के संयोजन में निवेश करते हैं।

- यह म्युचुअल फंड में शुरुआती निवेश के लिए एक अच्छा विकल्प हैं।

Equity Funds

इक्विटी फंड वे फंड है जिनका भारतीय इक्विटी में कम से कम 65% निवेश है। इक्विटी फंड इक्विटी शेयरों और इक्विटी से जुड़े निवेशों जैसे options, futures, परिवर्तनीय डिबेंचर इत्यादि में निवेश करते हैं। यह फंड पूंजी वृद्धि के लिए हैं।

जब आप अपने बच्चों की शिक्षा या अपनी सेवानिवृत्ति जैसे दीर्घकालिक लक्षण के लिए निवेश कर रहे हो तो आपको इक्विटी फंड में निवेश करना चाहिए। इक्विटी फंड ने पिछले 15 वर्षों में निवेशकों के लिए भारी पैसा बनाया है। लेकिन, सही फंड का चयन करना और उसकी प्रगति की निगरानी करना बहुत महत्वपूर्ण है।

सभी प्रकार के निवेशकों के लिए इक्विटी फंड उपलब्ध हैं। इन पदों को market cap के आधार पर large cap, mid cap या small cap फंड में वर्गीकृत किया जा सकता है। मार्केट कैप किसी कंपनी के सभी बकाया शेयरों (शेयर का मूल्य*संख्या) के बाजार मूल्य के अलावा कुछ भी नहीं है। इन्हें निवेश रणनीति के आधार पर इंडेक्स फंड, सेक्टर फंड, क्वांट फंड या आर्बिट्राज फंड में विभाजित किया जा सकता है।

इक्विटी छोटी अवधि के लिए अत्यधिक स्थिर होती है लेकिन दीर्घ अवधि में मौलिक रूप से मजबूत कंपनियां बेहतर रिटर्न देती हैं। इसलिए, इक्विटी फंड में तब निवेश करना चाहिए जब आपका समय क्षितिज पर्याप्त रूप से लंबा हो। कितना लंबा? आदर्श रूप में, आपको कम से कम 3 साल की अवधि रखनी चाहिए। जब आपका निवेश

क्षितिज 5 साल और उससे ऊपर है तो धन खोने की संभावना काफी कम हो जाती है। संभावना है कि इस 5 साल की क्षितिज के भीतर इक्विटी निवेश बचने के लिए आपको कम से कम एक आकर्षक मौका का अवश्य मिलेगा। किसी भी निवेशक के पोर्टफोलियो के लिए इक्विटी फंड अनिवार्य हैं क्योंकि इनमें मुद्रास्फीति से बेहतर रिटर्न देने की क्षमता है।

Multi Cap Fund

मल्टी कैप फंड किसी भी मार्केट कैप वाली कंपनी में इन्वेस्ट कर सकते हैं। फंड मैनेजर को किसी भी क्षेत्र में किसी भी स्टॉक में निवेश करने की स्वतंत्रता है। इसके परिणाम स्वरूप इनमें व्यापक विविधीकरण और कम जोखिम होता है। इसलिए एक मल्टी कैप फंड किसी भी निवेशक के लिए एक अच्छा विकल्प है। यदि आप केवल एक इक्विटी फंड में निवेश करने जा रहे हैं तो आपको मल्टी कैप फंड में निवेश करना चाहिए।

S.N	Fund	Definition	Risk	Return	Horizon
1	Diversified equity	Equity funds that invest in stocks across sectors and market caps.	High	High	> 5 years
2	ELSS	Funds that invest in equity, provide tax benefits and have a lock in period of 3 years	High	High	> 5 years
3	Index	Funds that invest in stocks that comprise an index and in the same proportion.	High	High	> 3 years
4	Sector fund	Equity funds that invest in stocks belonging to a particular sector. For ex banking.	V. High	High	> 5 years

- इक्विटी फंड शेयरों में निवेश करते हैं।

- यह म्युचुअल फंड की एक प्रमुख श्रेणी का प्रतिनिधित्व करते हैं।

- इक्विटी फंड लंबी अवधि में पूंजीगत वृद्धि के लिए उपयुक्त है, यह डिविडेंड के रूप में कुछ आय भी प्रदान कर सकते हैं।

- निवेशकों की विभिन्न जरूरतों को पूरा करने के लिए विभिन्न प्रकार के इक्विटी फंड उपलब्ध है।

- फंड बनाने वाले शेयरों के बाजार पूंजीकरण के आधार पर इक्विटी फंड large cap, mid cap और small cap हो सकते हैं।

एक large cap फंड आमतौर पर बड़ी और स्थिर कंपनियों में अपने कॉरपस का एक बड़ा हिस्सा निवेश करते हैं।

इसी प्रकार mid cap fund मुख्य रूप से मध्यम और स्मॉल कैप फंड छोटी कंपनियों में निवेश करते हैं।

एक डायवर्सिफाइड फंड सभी क्षेत्रों और आकार के शेयरों में निवेश करता है।

Sector Funds

ये वे इक्विटी फंड है जो एक विशेष क्षेत्र या उद्योग (जैसे फार्मास्यूटिकल्स सॉफ्टवेयर, एफएमसीजी, पीएसयू, बैंक)के शेयरों में निवेश करते हैं। उनका रिटर्न संबंधित क्षेत्र या उद्योग के प्रदर्शन पर निर्भर करता है। सेक्टर फंड उच्च रिटर्न दे सकते हैं लेकिन वह अधिक जोखिम से भरे हैं। क्यूं कर? क्योंकि वे पर्याप्त विविध नहीं है और केवल एक विशेष क्षेत्र के शेयरों में निवेश करते हैं। इन फंडों को केवल चयनित क्षेत्र के बारे में अच्छी जानकारी रखने वाले निवेशकों द्वारा खरीदा जाना चाहिए।

ELSS

ELSS या equity linked saving scheme कर बचत योजनाएं हैं जो आयकर अधिनियम की धारा 80c के तहत छूट प्रदान करती हैं। यह इक्विटी में प्रमुख रूप से निवेश करती हैं और इनमें 3 साल की lock in अवधि होती है।

Index फंड्स

Index फंड्स BSE Sensex या NSE Nifty जैसे किसी विशेष इंडेक्स के पोर्टफोलियो को दोहराते हैं। यह योजनाएं इंडेक्स के ही शेयरों में निवेश करती हैं। सूचकांक में एक शेर का जो वजन है वही वजन इंडेक्स फंड में भी होता है। इंडेक्स के उदय या पतन के अनुसार ऐसी योजनाओं

के NAV बढ़ते या गिरते हैं। क्योंकि इंडेक्स फंड को अनुसंधान और स्टॉक चयन की आवश्यकता नहीं होती, इसलिए उनके खर्च कम होते हैं। यदि आप एक सूचकांक के बराबर रिटर्न चाहते हैं तो आप एक इंडेक्स फंड पर विचार कर सकते हैं।

विशिष्ट क्षेत्रों, संपत्ति वर्गों और यहां तक कि देशों के लिए भी इंडेक्स फंड है। इस प्रकार index फंड्स का उपयोग विविधीकरण के लिए भी किया जा सकता है।

OTHER FUNDS

Fund of fund एक ऐसा फंड है जो अन्य फंडों में निवेश करता है जिसे अच्छा प्रदर्शन करने की उम्मीद है। इसलिए यदि आप म्युचुअल फंड का शोध और चयन नहीं करना चाहते तो एफ ओ एफ एक अच्छा विकल्प है। एक एफओएफ में इसमें शामिल अन्य फंडों का प्रबंध खर्च जमा होता है जो इनकी मुख्य कमी है।

International Funds

एक international fund उन कंपनियों की इक्विटी में निवेश करता है जो देश के बाहर की है। विभिन्न देशों में विभिन्न अवधि में तेजी और मंदी का अनुभव होता है, इसलिए यह फंड आपके पोर्टफोलियो के देश विशिष्ट जोखीम को कम करते हैं।

Exchange Traded Funds

एक्सचेंज ट्रेडेड फंड, इन्हें etf के रूप में जाना जाता है। यह एक बाजार सूचकांक का चयन कर और उसे सूचकांक के घटकों से निकल गए स्टॉक की टोकरी में निवेश करते हैं। फंड उसे इंडेक्स को गठित करने वाले किसी या सभी शेरों में निवेश कर सकता है। लेकिन इंडेक्स सूचकांक में एक शेयर का जो वजन है वही वजन एटीएफ में हो जरूरी

नहीं है। ETFs कास्ट ऑफ़ एक्सचेंज पर कारोबार किया जाता है और इस प्रकार ETF लेनदेन के लिए डीमैट और ट्रेडिंग अकाउंट की आवश्यकता होती है।

गोल्ड ईटीएफ वे फंड है जहां अंतर्निहित संपत्ति 0.995 शुद्धता के मानक का स्वर्ण बुलियन है। गोल्ड ईटीएफ खरीद कर आप भौतिक सोने के बिना सोने में निवेश कर सकते हैं। गोल्ड ईटीएफ के लाभ

- आभूषण बनाई के रूप में कोई बर्बादी नहीं
- चोरी का कोई खतरा नहीं
- शुद्धता की कोई चिंता नहीं

विशेष रूप से गहने बनाने के लिए (महिलाएं) बचत करना चाहते हैं तो गोल्ड ईटीएफ एक अच्छा विकल्प है।

भाग III

म्युचुअल फंड लेनदेन

4

महत्वपूर्ण दस्तावेज

एक म्युचुअल फंड जो सबसे महत्वपूर्ण दस्तावेज प्रदान करता है वह है ऑफर डॉक्यूमेंट। Offer document दो भागों में विभाजित है, SID (Scheme information document) और SAI (Statement ऑफ additional information)।SID योजना का विवरण है जबकि SAI योजना की पेशकश करने वाले म्युचुअल फंड हाउस के बारे में वैधानिक जानकारी। एक एस ए आई म्युचुअल फंड हाउस द्वारा पेश की जाने वाली सभी योजनाओं के लिए प्रासंगिक है।

Scheme information document एक प्रॉस्पेक्ट्स की तरह है, यह योजना के बारे में महत्वपूर्ण विवरण प्रदान करता है जैसे निवेश का उद्देश्य, संपत्ति आवंटन पैटर्न, जोखिम, योजना का बेंचमार्क, शुल्क और व्यय। इसमें सभी मध्यस्थों (RTA, कस्टोडियन) के नाम पता और संपर्क विवरण भी शामिल है। एक निवेशक के रूप में यह माना जाता है कि आपने ऑफर डॉक्यूमेंट पढ़ा है, भले ही आपने वास्तव में इसे नहीं पढ़ा हो। इसका मतलब है कि भविष्य में आप यह दवा नहीं कर सकते की आपको उसे जानकारी का पता नहीं है जिसका इनफॉर्मेशन डॉक्यूमेंट में उचित रूप से खुलासा किया गया है।

इनफॉर्मेशन डॉक्यूमेंट एक भारी दस्तावेज प्रतीत होता है जिसे समझना कठिन हो। लेकिन, निदेशक के रूप में यह जानना बहुत महत्वपूर्ण है कि एक चुनी हुई फंड योजना कैसे काम करने जा रही है। यदि

आप इनफॉरमेशन डॉक्यूमेंट नहीं पढ़ रहे हैं तो कम से कम KIM की इनफार्मेशन मेमोरेंडम पढ़ सकते हैं।

KIM, Scheme Information document का सारांश है और इसमें सभी महत्वपूर्ण विवरण हैं। फंड प्रबंधक उनकी योग्यता और पिछला अनुभव, निवेश योजना का उद्देश्य और यह कैसे प्राप्त किया जाएगा (देखें कि इस योजना का उद्देश्य आपके निवेश लक्ष्य के साथ मेल खाता है)? फंड द्वारा लगाए गए खर्च और शुल्क क्या है (क्या यह उद्योग मानक के अनुसार उचित हैं)? कम खर्च वाले फंड की तलाश करें, लंबी अवधि में शुल्क आपका रिटर्न को कम कर देते हैं।

निवेश में जल्दबाजी ना करें। योजना से जुड़े जोखिम, निवेश उद्देश्य, परिसंपति आवंटन, बेंचमार्क, पिछले प्रदर्शन और व्यय के बारे में पढ़ें। अज्ञानता से पीछा छुड़ाएं और एक जानकार निवेशक बने।

5

Systematic investment plan

- SIP निवेश का एक तरीका है जिसमें आप हर महीने या तिमाही एक निश्चित राशि एक म्युचुअल फंड में निवेश करते हैं।

- यह एक निवेश उत्पाद नहीं है बल्कि म्युचुअल फंड में निवेश करने का एक तरीका है।

- Systematic Withdrawal plan: SWP आपको किस्तों में अपनी निवेश राशि निकालने की अनुमति देता है। ये यह भी सुनिश्चित करता है कि सभी यूनिट्स एक बाजार गर्त में नहीं निकाले गए हैं यदि आप एक नियमित आय चाहते हैं तो एक SWP उपयुक्त है।

- Systematic transfer plan (STP): एक STP से आप अपना पैसा एक ही फंड के स्कीम A से स्कीम B में व्यवस्थित रूप से transfer कर सकते हैं।

उदाहरण के लिए अगर कोई निवेशक अपनी सेवानिवृति के करीब है तो वह STP से अपने निवेश को इक्विटी फंड से डेबिट फंड में स्थानांतरित कर सकता है। इसी तरह, यदि निवेशक एकमुश्त निवेश नहीं करना चाहता, तो वह STP से पैसा एक liquid फंड से एक इक्विटी फंड में स्थानांतरित कर सकता है। STP केवल एक AMC की योजनाओं के बीच में ही किया जा सकता है।

सिस्टेमेटिक इन्वेस्टमेंट प्लान के लाभ

* बचत को प्रोत्साहित करता है

यह नियमित निवेश को प्रोत्साहित करता है (आवर्ती जमा योजनाओं की तरह)। छोटी मात्रा में नियमित निवेश करके भी ओवर टाइम एक बड़ा कॉर्पस बन सकता है।

* सुविधा

SIP नियमित रूप से निवेश करने का एक सुविधाजनक तरीका है। एक बार जब आप केवाईसी अनुपालन कर लेंगे, तो आप अपना एसआईपी निवेश आसानी से स्वचालित कर सकते हैं।

* कम प्रारंभिक व्यय

आप ₹500 के रूप में एक SIP शुरू कर सकते हैं। कम प्रारंभिक निवेश नियमित खर्चे में कटौती किए बिना निवेश करना आसान बनाता है। SIP इस प्रकार सभी के लिए उपयुक्त है चाहे आप छात्र हैं, उद्यमी हैं, कर्मचारी हैं या HNI हैं।

* Rupee Cost Averaging

SIP नियमित रूप से निवेश करके आपकी म्युचुअल फंड इकाइयों की औसत लागत नीचे लाता है। उदाहरण के लिए यदि जनवरी में फंड योजना का NAV ₹25 है। और फरवरी के दौरान योजना का NAV 20 रुपए है तो इस समय के दौरान म्युचुअल फंड अधिकरण की आपकी औसत लागत रु 22.22 पैसे होगी।

* सही टाइमिंग की जरूरत नहीं

फंड निवेशकों को बाजार टाइमिंग की जरूरत नहीं है। स्टॉक में निवेश करते समय निवेशक के लिए यह जरूरी है कि वह सही समय पर स्टॉक में प्रवेश करता है और बाहर निकलता है। कम औसत लागत और विविधीकरण सुनिश्चित करता है कि निवेशक को SIP टाइमिंग की जरूरत नहीं है।

SIP निवेश के बारे में मिथक

1. SIP केवल छोटे निवेशकों के लिए है।

   SIP में पैसा व्यवस्थित तरीके से निवेश किया जाता है। यह मानना गलत है कि SIP केवल छोटे निवेशकों के लिए है। SIP आपको नियमित अंतराल पर निरंतर धन राशि निवेश करने में सक्षम बनाता है, यह कार्यकाल मासिक या त्रैमासिक हो सकता है। SIP एक कॉरपस बनाने में मदद करता है। यह छोटे और उच्च नेटवर्क दोनों व्यक्तियों के लिए उपयुक्त है।

2. SIP म्युचुअल फंड से अलग हैं।

   तथ्य यह है की SIP निवेश के लिए कोई विशेष योजना नहीं है। SIP सिर्फ निवेश का एक तरीका है। आप किसी म्युचुअल फंड योजना में SIP के लिए नामांकन कर सकते हैं, लेकिन आदर्श रूप से आपको निवेश उद्देश्य, समय क्षितिज, जोखिम सहनशीलता को ध्यान में रखते हुए एक म्युचुअल फंड चुनना चाहिए।

3. आप एक योजना में एकमुश्त निवेश नहीं कर सकते, जहां पहले से ही शिप खाता मौजूद है।

   म्युचुअल फंड में एकमुश्त राशि जोड़ने पर कोई प्रबंध नहीं है, जहां आपका SIP पहले से ही मौजूद है। मान ले कि आपके पास म्युचुअल फंड योजना में ₹5000 का SIP चल रहा है और अचानक आपके पास ₹500000 का अधिशेष है, तो आप उसे राशि को म्युचुअल फंड में निवेश कर सकते हैं।

4. यदि आप एक या दो SIP तिथियां मिस कर देते हैं तो आपको दंडित किया जाएगा।

   SIP निवेश ऋण, EMI या चेक नहीं है। जब आप SIP के लिए नामांकन करते हैं तो आप अपने बैंक को चयनित योजना में नियमित भुगतान करने की अनुमति देते हैं। इस प्रकार आपका बैंक

नियमित SIP तिथियां पर फंड के पक्ष में राशि डेबिट करना जारी रखता है। यह प्रक्रिया स्वचालित है।

अब किसी कारण से यदि आपके बैंक खाते में पर्याप्त धनराशि नहीं है तो आप उसे SIP किस्त को मिस करेंगे लेकिन आपका सिप खाता सक्रिय रहेगा और आगे के SIP (आपकी बैंक की शेष राशि के अधीन) आपके बैंक खाते में डेबिट होते रहेंगे।

SIP छूट जाने पर कोई जुर्माना नहीं है। SIP निवेश में अनुशासन को स्थापित करने का एक तरीका है और यह पूरी तरह से आपकी स्वतंत्र इच्छा पर है।

5. आपको एक स्टॉक की तरह SIP में टाइमिंग की जरूरत है।

एक म्यूचुअल फंड में SIP सुनिश्चित करता है कि हर गिरावट के साथ आप इकाइयों की एक उच्च संख्या जमा करते हैं, इस प्रकार आपकी औसत खरीद लागत कम रहती है। म्यूचुअल फंड स्टॉक का एक विधिक पोर्टफोलियो है। SIP में सही टाइमिंग की जरूरत नहीं है।

6. अगर SIP कई सालों से चल रहा है तो निकास भार काटा नहीं जाएगा।

ऐसे किसी भी भुगतान के लिए निकास भार काटा जाएगा जो छूट के लिए निर्धारित अवधि पूरी नहीं करता। उदाहरण के लिए, यदि आपने 1 जनवरी 2016 से 1 जनवरी 2017 तक SIP की थी और 1 साल से पहले रिडेंप्शन के लिए लोड एक प्रतिशत है। यदि आप सभी इकाइयों का भुगतान 1 फरवरी 2017 को लेते हैं तो 1 फरवरी 2016 से 1 जनवरी 2017 तक सभी निवेशों के लिए एक प्रतिशत का एग्जिट लोड देना होगा। 1 फरवरी 2016 से 1 जनवरी 2017 तक सभी निवेशों ने निर्धारित अवधि पूरी नहीं की है।

7. आप 3 साल बाद ELSS में पूरी SIP राशि वापस ले सकते हैं

कुछ हद तक पिछले बिंदु के समान। प्रत्येक SIP किश्त को अलग निवेश माना जाता है और प्रत्येक किस्त को lock in कार्यकाल पूरा करना होगा। तो यदि आप SIP के माध्यम से अक्टूबर 2015 के महीने में ₹5000 डालते हैं, केवल इस किस्त के लिए Lock in अवधि अक्टूबर 2018 को खत्म होगी। इसी तरह अन्य SIP किस्तों को भी 3 साल पूरे करने की जरूरत है।

8. सभी म्युचुअल फंड निवेशों के लिए पैन कार्ड अनिवार्य है।

माइक्रो SIP यानी SIP जहां वार्षिक निवेश (12 महीने रोलिंग या अप्रैल मार्च वित्तीय वर्ष) ₹50000 से अधिक नहीं है, के लिए अपवाद किया गया है। छोटे निवेशक जो प्रति वित्तीय वर्ष ₹50000 तक निवेश करते हैं उन्हें पैन कार्ड प्रदान करने की आवश्यकता नहीं है। ₹50000 छोटे निवेशकों के माइक्रो SIP और एकमुश्त राशि के लिए एक समग्र सीमा है।

NOTES

6

Rupee Cost Averaging

Rupee Cost Averaging एक ऐसी तकनीक है जो स्टॉक/ म्युचुअल फंड के अधिग्रहण की आपकी औसत लागत को कम करती है। इस तकनीक का उपयोग करके, आप स्टॉक या म्यूचुअल फंड खरीदने के लिए नियमित रूप से एक राशि का निवेश करते हैं। नतीजन जब कीमत कम होती है तो अधिक संख्या और कीमत अधिक होने पर इकाइयों की कम संख्या खरीदते हैं। ओवरटाइम, यह स्टॉक या म्यूचुअल फंड इकाइयों के अधिग्रहण की आपकी औसत लागत को काम करता है।

अजय और सरिता नाम के दो निवेशकों के उदाहरण के साथ इसे हम समझ सकते हैं। दोनों के पास निवेश करने के लिए 70000 रुपए हैं। अजय स्टॉक X खरीदने के लिए Rupee कॉस्ट averaging का उपयोग करता है, जबकि सरिता स्टॉक की एकमुश्त खरीद करती है। चलिए देखते हैं आगे क्या होता है।

Months	Price	Smart Ajay(Rupee cost averaging)		Sarita (lump sum buying)	
		Amount	Units pur	Amount	Units purchased
1	20	10,000	500	70,000	3500
2	16	10,000	625	-	-
3	14	10,000	714	-	-
4	23	10,000	435	-	-
5	25	10,000	400	-	-
6	20	10,000	500	-	-
7	20	10,000	500	-	-
			3674		3500
Total amount	70,000				
Average price	**19.05**				20
Units bought	3674				3500
Value after 7 months	73,480				70,000

अजय स्टॉक X खरीदने के लिए प्रति माह ₹10000 का निवेश कर रहा है। जैसा कि हम जानते हैं कि शेयर बाजार अस्थिर है। स्टॉक एक्स की कीमत पहले महीने में ₹20 है, यह दूसरे महीने में ₹16 है। इसी तरह यह अस्थिर है। सरिता ने अपना पूरा ₹70000 का कार्पस पहले महीने में निवेश किया और बदले में ₹20 के भाव से 3500 शेयर खरीदे। दूसरी तरफ अजय ने ₹10000 का हर महीने निवेश किया। उससे पहले महीने में 500 इकाइयां मिलती हैं लेकिन दूसरे महीने में 625 इकाइयां मिलती है जब शेयर की कीमत कम यानी 16 रुपए है। इस प्रकार जब कीमत अधिक होती है तो उसे स्टॉक की कम संख्या मिलती है जैसे चौथे महीने में जब भाव ₹23 है तब उन्होंने अपने ₹10000 से केवल 435 दिखाइए खरीदी। इस प्रकार, इस रणनीति का उपयोग कर जब बाजार की कीमत कम होती है वह अधिक मात्रा में स्टॉक खरीदता है।

महीने के अंत में हम पाते हैं की अजय ने 70000 रुपए का निवेश कर कर 3674 शेयर खरीदे जबकि सरिता जो कि एक अनुभवहीन निवेशक है, के पास केवल 3000 इकाइयां है। इसलिए अजय के लिए औसत कीमत सरिता(20) की तुलना में केवल रु 19.05 है। Rupee cost averaging आपके लिए कम कीमत पर उच्च मात्रा में स्टॉक खरीदने की प्रक्रिया को स्वचालित करता है। इस रणनीति का उपयोग आप स्टॉक और म्युचुअल फंड खरीदने के लिए कर सकते हैं। म्युचुअल फंड SIP फैसिलिटी प्रदान करते हैं जो rupee cost averaging पर आधारित है।

7

एक फंड योजना का चयन कैसे करें

How to Select a Mutual Fund?

एक बार जब आपके पास स्पष्ट रूप से परिभाषित निवेश उद्देश्य उसे समय क्षितिज हो तो आपको प्रत्येक श्रेणी में उपयुक्त फंड का चयन करना होगा। आप फंड फंड स्क्रीनर्स या फंड रैंकिंग की मदद भी ले सकते हैं।

प्रत्येक श्रेणी के लिए आप जिस वेबसाइट पर भरोसा करते हैं और समझते हैं (क्रिसिल, मॉर्निंग स्टार, इत्यादि) से शीर्ष फंड देखें। प्रत्येक श्रेणी में 4 या 5 फंड शॉर्टलिस्ट करें, निम्नलिखित पैरामीटर के आधार पर इनमें से आगे चुनें:

अनुभवी खिलाड़ी तलाश करें

उन फंडों को पसंद करें जिनका लंबा इतिहास है। पिछले 10 वर्षों के लिए या नए फंड के लिए इसके जीवन काल के फंड रिटर्न पर विचार करें। क्योंकि हम दीर्घकालिक निवेश की तलाश में हैं, 1 साल और YTD वाईटीडी(साल की तारीख तक) प्रदर्शन को अनदेखा कर सकते हैं। प्रतिद्वंदियों के सापेक्ष रिटर्न में वर्ष दर वर्ष भिन्नताएं नोट करें। देखें की मंदी बाजार में फंड ने कैसे प्रदर्शन किया था। एक अच्छा फंड तेजी और मंदी दोनों में अच्छी तरह प्रदर्शन करता है।

सुपीरियर संगठनों को उठाएं

बेहतर निवेश संगठनों की तलाश करें। इस तरह के संगठनों में सही संस्कृति, सिस्टम और प्रक्रियाएं होती हैं और यह बेहतर प्रतिभा को आकर्षित करते हैं। स्टार फंड मैनेजर फंड छोड़ सकते हैं लेकिन आप नहीं चाहते कि इससे आपका निवेश प्रभावित हो। स्थापित फंड ऐसे प्रस्थानों के बावजूद बेहतर प्रदर्शन करते हैं। व्यक्तिगत रूप से मैं हमेशा क्वांटम, फ्रैंकलिन, ICICI और डीएसपी के साथ सहज रहा हूं।

पर चलने वाले फंड चुने

प्रत्येक फंड में पूर्व निर्धारित निवेश उद्देश्य होते हैं जो फंड की संपत्ति और निवेश रणनीतियों को तैयार करते हैं। ऐसे फंड का चयन करें जो निर्धारित नीतियों पर चलता है। यह जाँचने के लिए कि वर्तमान फंड अपने जनादेशों पर सटीक है, मौजूदा फंड होल्डिंग्स की जांच करें। हालांकि सभी फंड प्रबंधकों के पास कुछ छूट होनी चाहिए लेकिन आप ऐसे large cap fund या FMCG फंड को नहीं खरीदना चाहते हैं जो small कैप स्टॉक या (FMCG Fund) जो टेक्नोलॉजी स्टॉक में निवेश कर रहा है।

लागत ना भूलें

फंड की इकाइयां (निकास भार और व्यय अनुपात) प्राप्त करने और धारण करने की लागत पर विचार करें। आपके पैसे निवेश करने से पहले लागत केवल एकमात्र निश्चित चीज है। यदि कोई फंड उच्च खर्च चार्ज कर रहा है तो उसे बेहतर रिटर्न प्रदान करके इस शुल्क को उचित ठहरना होगा।

जोखिम सीमित रखें

कल रूप से केंद्रित इक्विटी परिसंपत्तियों में केवल 20% तक धन निवेश कर अपने जोखिम को सीमित करें। ऐसी फंड विधि कारण के लिए या

आपके पोर्टफोलियो के रिटर्न को उठाने के लिए हैं। यदि आप ऐसे फंडों से सहज नहीं है तो उन्हें पूरी तरह से टाल सकते हैं।

समीक्षा और rebalancing

- समय पर अपने म्युचुअल फंड पोर्टफोलियो की समीक्षा करें। आपका काम उपयुक्त योजना चुनने के साथ समाप्त नहीं होता, इसकी निगरानी भी प्रभावी ढंग से की जानी चाहिए। खराब प्रदर्शन करने वाले फंड को हटाने में संकोच न करें।

- अगर रिटर्न तीसरे वर्ष भी उम्मीद से नीचे रहता है तो आपको एक बेहतर विकल्प पर चले जाना चाहिए।

आईए एक कदम आगे बढ़े और इस परिदृश्य पर विचार करें। मान लीजिए कि मैं एक डायवर्सिफाइड फंड चुनना चाहता हूं और मैंने किसी वेबसाइट का उपयोग करके फंड ए, बी, सी और डी को सूचीबद्ध किया है। यह सभी फंड उचित हैं। मैंने इन फंडों को भिन्न मानकों के साथ सूचीबद्ध किया है।

फंड	फंड हाऊस (अनुभव)	Expense	विकल्प
एक	10	1.9%	पहला
बी	7	2.8%	
सी	5	2.2%	
डी	8	2.3%	दूसरा

फंड A 10 वर्षों से बाजार में है और इसकी expenses कम हैं। यह मेरी पहली पसंद है। ध्यान दें कि फंड समूह एक व्यक्तिगत पैरामीटर है, जहां मैं अनुभवी फंड हाउस को बेहतर फंड हाउस मैन रहा हूं। आप फंड हाउस के मानक का निर्धारण करने के लिए अन्य मैट्रिक (AUM इत्यादि) का उपयोग कर सकते हैं। फंड D 8 साल के इतिहास और 2.3% के expenses के साथ में मेरी दूसरी पसंद है।

8

आंकड़ों द्वारा फंड चयन

जिस तरीके की हमने चर्चा की है वह फंड चयन के लिए पर्याप्त है। हालांकि, उद्योग की भाषा को समझना फायदेमंद है। विशेषज्ञों द्वारा कई आंकड़े अकसर उपयोग किए जाते हैं, यदि आप उनका उपयोग करना चाहते हैं तो मैंने उन्हें नीचे समझाया है।

अल्फा, बीटा, standard deviation इत्यादि कई आंकड़े हैं। इनकी समझ से फंड योजनाओं के प्रदर्शन का मूल्यांकन करना सुविधाजनक हो जाता है। हालांकि यह मैट्रिक्स तभी अर्थ पूर्ण होते हैं जब समान फंड्स की तुलना की जाए।

अल्फा किसी फंड के वास्तविक रिटर्न और किसी दिए गए स्तर के जोखिम के लिए अपेक्षित प्रदर्शन के बीच के अंतर को मापता है।यह पोर्टफोलियो के जोखिम समायोजित प्रदर्शन को इंगित करता है। अल्फा माप एक का अर्थ है 1% बेहतर रिटर्न, दो से अर्थ है 2% बेहतर रिटर्न और ऐसे ही आगे। एक उच्च अल्फा बेहतर है

बीटा अपनी बेंचमार्क के खिलाफ पोर्टफोलियो की संवेदनशीलता को मापता है। बेंचमार्क का बेटा हमेशा एक होता है। फंड बीटा एक है तो यह यह इंगित करता है कि फंड का NAV बेंचमार्क इंडेक्स के समान दिशा और अनुपात में आगे बढ़ेगी। एक से अधिक बीटा बेंचमार्क की तुलना में उच्च अस्थिरता इंगित करता है और एक से कम बीटा का मतलब है बेंचमार्क इंडेक्स की तुलना में फंड कम अस्थिर है। उदाहरण के लिए,

1.2 बीटा का मतलब है की बेंचमार्क की तुलना में फंड 20% अधिक अस्थिर है। इसका मतलब है कि बेंचमार्क में एक प्रतिशत बढ़त पर फंड 1.2% बढ़ेगा। एक निम्न बीटा वांछनीय है।

शार्प जोखिम समायोजित रिटर्न को मापता है। शार्प अनुपात जितना अधिक होगा जोखिम के संबंध में फंड का रिटर्न उतना ही बेहतर है।

आर स्क्वायर फंड रिटर्न और बेंचमार्क के प्रदर्शन के बीच सहसंबंध व्यक्त करता है। इसका मान जीरो से एक तक है, जहां एक का मतलब है फंड रिटर्न बैच मार्क के साथ 100% संबंध है और कम R स्क्वायर का मतलब है कि बेंचमार्क के प्रदर्शन के साथ फंड प्रदर्शन का कम सहसंबंध है।

तो तुलना करते समय एक उच्च अल्फा, उच्च शार्प, कम बीटा फंड चुनें।

यदि आप एक कम जोखिम प्रोफाइल वाले निवेशक हैं या आपका निवेश लक्ष्य निकट है तो निम्न Standard deviation और निम्न बीटा वाले फंड में निवेश करना बेहतर है।

इस परिदृश्य पर विचार करिए। मान लीजिए कि मैं एक large cap/ diversified इक्विटी फंड चुनना चाहता हूं और मैंने प्रदर्शन के आधार पर ए,बी,सी,डी और ई सूचीबद्ध किया है। क्योंकि यह फंड मेरे इक्विटी पोर्टफोलियो का मुख्य हिस्सा होगा, मेरा उद्देश्य अत्यधिक जोखिम लिए बिना एक फंड चुनना है। मैं कम बीटा या standard deviation वाले फंड का चयन करूंगा।

फंड	Standard deviation	बीटा	शार्प	अल्फा	विकल्प
ए	11.73	0.81	1.1 9	4.15	पहला
बी	13.54	0.92	1.0 9	3.58	
सी	13.22	0.93	1.27	6.01	दूसरा
डी	13.55	0.94	1.0 9	3.35	
ई	13.46	0.95	1.24	5.24	

4.15 के उचित अल्फा और 0.81 के सबसे नीचे बीटा के साथ फंड ए मेरी पहली पसंद है। फंड सी मेरी दूसरी पसंद है। दूसरी और यदि

मैं रिटर्न पर पूर्ण ध्यान देने के साथ एक स्मॉल या मिड कैप फंड चुन रहा हूं तो मेरा निवेश विकल्प अलग होगा। मैं उच्चतम अल्फा, sharpe ratio वाला फंड चुनूंगा। उसे मामले में मेरी पहली पसंद सी होगी।

फंड	Standard deviation	बीटा	शार्प	अल्फा	विकल्प
ए	11.73	0.81	1.1 9	4.15	दूसरा
बी	13.54	0.92	1.0 9	3.58	
सी	13.22	0.93	1.27	6.01	पहला
डी	13.55	0.94	1.0 9	3.35	
ई	13.46	0.95	1.24	5.24	

कुछ अन्य मैट्रिक जिन्हें आप देख सकते हैं, उनमें Treynor ratio, Sortino ratio और Information ratio शामिल हैं। यह सभी मैट्रिक जोखिम समायोजित रिटर्न मैट्रिक्स हैं। सभी के लिए नियम यह है कि एक उच्च मान वांछनीय है।

इन मैट्रिक का उपयोग आप समान फंडों की तुलना करने के लिए करें और याद रखें कि एक ही समय अवधि के लिए इन मैट्रिक का उपयोग कर रहे हैं।

NOTES

9

Direct vs Regular plan

यह निर्णय लेने के बाद कि आप किस म्युचुअल फंड योजना में निवेश करना चाहते हैं आपको दो निर्णय और लेनी है। सबसे पहला निर्णय रेगुलर प्लंस और डायरेक्ट प्लांस के संबंध में है। एक रेगुलर प्लान वह है जिसे आप एक वितरक (बैंक, ब्रोकरेज फर्म इत्यादि) के माध्यम से खरीदते हैं। जब एक वितरक आपको सेवा प्रदान करता है तो उसे एक कमीशन प्राप्त होता है। रेगुलर प्लांस के मामले में यह खर्च बढ़ाता है। एक डायरेक्ट प्लान वह है जिसे आप सीधे फंड हाउस से खरीदते हैं। इसकी खर्च कम होते हैं (कोई कमीशन का भुगतान नहीं किया जाता है)। नतीजन रेगुलर plans की तुलना में डायरेक्ट plans उच्च रिटर्न देते हैं।

Direct plans सीधी फंड से खरीदे जाते हैं और इनमें कम खर्च होता है क्योंकि फंड को विको को कमीशन नहीं देना पड़ता। कमीशन के कारण नियमित योजनाओं में अधिक खर्च होता है। इस प्रकार direct plans उच्च रिटर्न प्रदान करते हैं।

म्युचुअल फंड्स Dividends

दूसरा निर्णय डिविडेंड से संबंधित है। आपको योजना के भीतर विभिन्न डिविडेंड विकल्पों के बीच चयन करना है। Growth, dividend payout और dividend री investment के तीन विकल्प हैं।

Growth विकल्प में डिविडेंड घोषित नहीं किया जाता। डिविडेंड payout का मतलब है कि आप अपने बैंक खाते में डिविडेंड प्राप्त करते हैं। Dividend reinvestment में आपको dividend प्राप्त नहीं होता और इस राशि का उपयोग योजना की नई इकाइयों को खरीदने के लिए किया जाता है जो आपके खाते में जोड़ दी जाती हैं।

यदि आप लंबी अवधि के लिए निवेश कर रहे हैं और चीजों को जटिल नहीं करना चाहते, तो ग्रोथ विकल्प सबसे उपयुक्त है।

हमारे पास ग्रोथ या डिविडेंड विकल्प चुनने का विकल्प है। ग्रोथ विकल्प डिविडेंड प्रदान नहीं करता। Dividend payout का अर्थ है डिविडेंड का भुगतान बैंक खाते में किया जाता है। यदि आप लंबी अवधि के लिए निवेश कर रहे हैं तो ग्रोथ विकल्प सबसे उपयुक्त है।

म्युचुअल फंड निवेश कैसे करें

KYC

* म्युचुअल फंड में निवेश करने के लिए केवाईसी अनिवार्य है। किसी भी म्युचुअल फंड कंपनी या CAMS कार्यालय में केवाईसी फॉर्म जमा करके अपनी केवाईसी आवश्यकता पूरी करें।

* आवश्यक दस्तावेज: केवाईसी आवेदन पत्र के साथ पैन कार्ड, पहचान प्रमाण, एक cancelled चेक और एक पता प्रमाण आवश्यक है।

* निकटतम म्युचुअल फंड कंपनी कार्यालय पर जाएं जहां आप निवेश करना चाहते हैं।

* निवेश करने के लिए आवेदन पत्र के साथ निवेश राशि जमा करें।

SIP

- एसआईपी निवेश शुरू करने के लिए प्रारंभिक चेक के साथ आवेदन पत्र (आवेदन पत्र, SIP नामांकन फॉर्म और एक ऑटो डेबिट फॉर्म) जमा करें।
- आप ऑटो डेबिट फॉर्म की बजाय SIP रकम के लिए पोस्ट डेटेड चेक भी प्रदान कर सकते हैं।

Online

- सुनिश्चित करें कि आप केवाईसी अनुपालन कर रहे हैं।
- आप थिस म्युचुअल फंड में निवेश करना चाहते हैं उसके पोर्टल पर जाएं।
- पोर्टल पर आवश्यक फॉर्म भरें।
- निवेश करें।

तीसरी पार्टी एजेंसियां

- विभिन्न तृतीय पक्ष एजेंसियों के माध्यम से जो आपको निवेश करने के विकल्प प्रदान करते हैं।
- पंजीकरण प्रक्रिया केवल एक बार करनी होगी।

उदाहरण

- अजय एक वेतन भोगी पेशेवर है और एक म्युचुअल फंड में ₹5000 प्रतिमाह निवेश करना चाहता है। उसने अपने वित्तीय सलाहकार से पूछा और उन्होंने उसकी जोखिम प्रोफाइल और 10 वर्षों के निवेश क्षितिज के अनुसार एक फंड का चयन करने का फैसला किया।

म्युचुअल फंड योजना: SBI MNC Fund

SIP राशि: ₹5000

MF UTILITY

MF Utility वास्तव में निवेशको, म्युचुअल फंड कंपनियां और सेवा प्रदाताओं जैसे उद्योग के सभी हितधारकों एक ऑनलाइन मंच पर एकीकृत करता है एकीकृत करता है। यह SEBI की मंजूरी के तहत AMFI(Association of mutual funds in india) द्वारा एक पहल है। इस मंच की सुंदरता यह है कि आप एक ही जगह पर सभी म्युचुअल फंड की लेनदेन कर सकते हैं। इसलिए, यह मंच "लेनदेन एकीकरण पोर्टल" जैसा कार्य करता है।

यह प्लेटफॉर्म सेवा प्रदाताओं (जैसे CAMS या KARVY), बैंक, म्युचुअल फंड कंपनियों, पेमेंट गेटवे और केवाईसी पंजीकरण एजेंसियों से जुड़ने के लिए निवेशकों को ऑनलाइन पहुंच प्रदान करता है। इसलिए आप इसे निवेशकों के लिए एक स्टॉप समाधान कह सकते हैं। यह सुविधा 24X7 उपलब्ध है।

यह सभी म्युचुअल फंड कंपनियों के स्वामित्व में है और (MFUI) म्युचुअल फंड यूटिलिटीज इंडिया प्राइवेट लिमिटेड द्वारा संचालित है। नीचे कुछ विशेषताएं दी गई हैं जो इस सेवा को आकर्षक बनाती हैं।

- आपको Common Account Number (CAN) सुविधा मिल जाएगी। यह निवेशकों को आवंटित पैन नंबर की तरह unique नंबर है। इसका उपयोग करके आप नए एप्लीकेशन जमा कर सकते हैं, ऑनलाइन लेनदेन कर सकते हैं। आप इससे सभी प्रकार के (किसी भी म्युचुअल फंड कंपनी में किसी भी प्रकार का) लेनदेन कर सकते हैं।

- एक बार जब आप म्युचुअल फंड यूटिलिटी पर केवाईसी कर लेते हैं तो KRA में इसे फिर से करने की आवश्यकता नहीं है।

- कोई भी म्युचुअल फंड कंपनी हो, आपके पास लेनदेन के लिए सभी फार्म उपलब्ध हैं।

- आप अपने पास मौजूद सभी म्युचुअल फंड के लिए एकल भुगतान कर सकते हैं। इसका मतलब है कि₹5000 के दो म्युचुअल फंडों में निवेश करने के लिए₹10000 का एक चेक पर्याप्त है। आपको

अलग-अलग चेक लिखने की जरूरत नहीं है। इसके अतिरिक्त, आप अपनी भुगतान विधि को भी चुन सकते हैं।

- आप अपने सभी निवेश एक जगह देख सकते हैं। आपका निवेश CAN के द्वारा ट्रैक किया जाएगा।

- आप सामान्य अलर्ट या ट्रिगर प्राप्त करेंगे जैसा कि आप म्युचुअल फंड कंपनियों से प्राप्त करते थे।

- केंद्रीय शिकायत प्रबंधन और ट्रैकिंग सुविधा।

- आप KYC, CAN creation, खरीद, रिडेंप्शन, स्विच, SIP, SWP या STP पंजीकरण जैसे वित्तीय लेनदेन कर सकते हैं।

- इसके साथ-साथ आप गैर वित्तीय लेनदेन भी कर सकते हैं जैसे बैंक या पता परिवर्तन अनुरोध।

आप इस मंच से कैसे जोड़ सकते हैं?

MFUI POS(पॉइंट ऑफ सर्विस) की माध्यम से आप अपनी यात्रा शुरू कर सकते हैं, जो इस मंच के लिए फ्रंट ऑफिस के रूप में काम करता है। एक MFUI POS म्युचुअल फंड यूटिलिटी मैं भाग लेने वाले सभी म्युचुअल फंडों में लेनदेन स्वीकार करता है।

कौन से म्युचुअल फंड इस मंच पर उपलब्ध हैं?

वर्तमान में सभी शीर्ष म्युचुअल फंड कंपनियां इस मंच से जुड़ी हुई हैं।

इस मंच का उपयोग करने के लिए क्या शुल्क किया जाएगा?

यह एक मुफ्त ऑनलाइन मंच है। इसमें कोई शुल्क नहीं है।

रेगुलर और डायरेक्ट प्लान, किस प्रकार के प्लान में निवेश करने की अनुमति है?

आप रेगुलर और डायरेक्ट प्लान दोनों में निवेश कर सकते हैं। यह सिर्फ एक ऑनलाइन मंच है। आपके पास निवेश करने के दोनों विकल्प हैं।

क्या म्यूचुअल फंड यूटिलिटी चुना बेहतर है?

यह म्युचुअल फंड उद्योग में एक गेम परिवर्तक है। आजकल सभी ऑनलाइन निवेश करने में सुविधा महसूस करते हैं। इसलिए म्युचुअल फंड यूटिलिटीज सभी फंडों के साथ मिलकर यह सुविधा प्रदान करती है। इसमें डायरेक्ट प्लान का भी विकल्प है।

FEE ONLY PORTALS

Name	Services	Fee
www.bharosaclub.com/	MF recommendations	Plans Starting as low as Rs. 150/month to 1000/month
www.bodhik.com/	Mutual fund, tax, Retirement and child education plan	
www.clearfunds.in	MF recommendations	Flat fee of Rs. 199
www.invezta.com/ MFU	MF recommendations	Free till Rs. 50,000, Rs. 79 per month, Rs. 109
www.orowealth.com/	Transaction only goal tracking, stock basket, portfolio health	Free 2000/Yr and 10,000/Yr plan & %
www.piggy.co.in www.robobanking.in	MF recommendations Mutual funds, stocks, Insurance, pension, Bank FD	99,199,299,499 Both commission based and fee based model
www.sqrrl.in		
www.tavaga.com	ETFs only	
www.unovest.co/	MF recommendations	Uno, plus, Pro Rs.850(3), 2000 (5) and 3,500 (10) per annum
www.wealthtrust.in	MF recommendations	Free, Rs. 99/month
www.wixifi.com/	MF recommendations	Percentage of asset based fee

10

Asset आवंटन निवेश में मुफ्त लंच

संपत्ति आवंटन का अर्थ यह है कि आप तय करते हैं कि आपके निवेश का कितना प्रतिशत debt बनाम शेयरों में है। रियल एस्टेट और सोने जैसी अन्य संपत्तियों को भी पोर्टफोलियो में जोड़ा जा सकता है। संपत्ति आवंटन व्यापक श्रेणियां में निवेश का आवंटन है और व्यक्तिगत सिक्योरिटी को खरीदना या बेचना इसमें शामिल नहीं है।

सही आवंटन एक ऐसा क्षेत्र है जहां कई निवेशक गलती करते हैं। कुछ निवेशक है जो अगले हॉट स्टॉक का पीछा करते रहते हैं। इसी प्रकार कई निवेशकों के पोर्टफोलियो रियल स्टेट के पक्ष में झुके हुए हैं। दूसरे बैंक जमा में परंपरागत रूप से निवेश करने की गलती करते हैं। हम यह भूल जाते हैं कि हमें संतुलित पोर्टफोलियो की आवश्यकता है जो एक यूनिट के रूप में अच्छी तरह से काम करे।

संपत्ति आवंटन के पीछे मूल विचार यह है कि अलग-अलग संपत्ति वर्ग अलग-अलग कार्य करते हैं। अगर इक्विटी अच्छी तरह से प्रदर्शन नहीं कर रही है, debt आपकी पोर्टफोलियो को नुकसान से बचाएगा। इसी तरह, दूसरी बार इक्विटी अच्छा प्रदर्शन करेगी। कम सहसंबंध वाली संपत्ति चुनकर हम समग्र पोर्टफोलियो की जोखिम को काम करते हैं। इसका मतलब यह है भी है कि सभी संपत्तियां एक ही समय में सकारात्मक परिणाम नहीं देंगी। यदि सभी संपत्ति एक ही समय पर अच्छा रिटर्न दे रही हैं तो वह दूसरे समय पर खराब रिटर्न भी दे सकती हैं और विविधीकरण की उद्देश्य को सफल कर सकती हैं।

संपत्ति आवंटन आपकी वर्तमान वित्तीय स्थिति, आयु और जोखिम सहनशीलता पर आधारित होना चाहिए।

Risk profiler का उपयोग कर आप अपनी जोखिम सहनशीलता को नाप सकते हैं। एक रिस्क प्रोफाइलर आमतौर पर निवेश, रिटर्न और स्थिरता की ओर आपकी दृष्टिकोण का आंकलन करने के लिए प्रश्नों की एक श्रृंखला है। कहीं निवेदक risk profiler में सही उत्तर का अनुमान लगाने का प्रयास करते हैं। जोखिम सहन करने की अपनी वास्तविक क्षमता को मापने के लिए सवालों के जवाब ईमानदारी से देने चाहिए। आप किसी भी वित्तीय वेबसाइट पर रिस्क प्रोफाइलर पा सकते हैं।

संपत्ति आवंटन एक प्रमुख कारक है जो आपके समग्र रिटर्न को प्रभावित करता है। बहुत सारी सबूत हैं कि, लंबे समय में, पोर्टफोलियो की रिटर्न को संपत्ति आवंटन सिक्योरिटी चयन की तुलना में कहीं अधिक प्रभावित करता है।

- एक निवेशक के रूप में आप अपने निवेश के प्रदर्शन को प्रभावित नहीं कर सकते, लेकिन आप अपने पोर्टफोलियो के संपत्ति आवंटन को नियंत्रित कर सकते हैं और अपने वित्तीय कल्याण को सुनिश्चित कर सकते हैं।

कुछ संपत्ति आवंटन मॉडल

1 - age इक्विटी मॉडल

एक पोर्टफोलियो आवंटन मॉडल जटिल नहीं होना चाहिए। आप एक साधारण संपत्ति आवंटन मॉडल का चयन कर सकते हैं जिसमें आपकी उम्र के बराबर राशि debt और शेष इक्विटी उपकरणों में निवेश की जाती है।

उदाहरण के लिए यदि आपकी आय 30 वर्ष है, तो आप अपनी कुल संपत्ति का 30% debt उपकरणों में निवेश कर सकते हैं जैसे कि

बैंक सावधि जमा, आवर्ती जमा, बॉन्ड, debt फंड आदि। आपसे 70% इक्विटी फंड या प्रत्यक्ष इक्विटी में निवेश कर सकते हैं।

1/ n मॉडल

एक और सरल परिसंपत्ति आवंटन मॉडल वन 1 / n परिसंपत्ति आवंटन मॉडल है। उदाहरण के लिए यदि आप तीन संपत्तियों में निवेश कर रहे हैं, इक्विटी, debt और सोना तो आप इक्विटी, debt और सोना प्रत्येक में अपनी कुल संपत्ति का 1/n या 1/3 आवंटित कर सकते हैं।

किसी भी परिसंपत्ति आवंटन मॉडल में आप अपनी व्यक्तिगत स्थिति के अनुसार आवश्यक एडजस्टमेंट कर सकते हैं। अपनी आय, परिवार कारक, वित्तीय स्थिति, अनुभव, आयु और स्वभाव जैसे कारकों के अनुसार आप अपने पोर्टफोलियो में जोखिम मुक्त या जोखिम भरी संपत्ति बढ़ा या घटा सकते हैं।

सबसे महत्वपूर्ण बात यह है कि निवेश के लिए एक योजना और प्रक्रिया हो। एक बार जब आप अपना संपत्ति आवंटन निर्धारित कर लें तो पोर्टफोलियो को लागू करें। जब बाजार अस्थिर हो और आपका पोर्टफोलियो घाटे में हो तो अपनी भावनाओं को संयम में रखें। साल में बस एक बार rebalancing ठीक है।

Rebalancing: मान लीजिए कि आपके पास 60% इक्विटी और 40% debt का पोर्टफोलियो है। 1 साल बाद आपका पोर्टफोलियो 70/30 में बदल जाता है। री बैलेंसिंग आपकी पोर्टफोलियो को उसके मूल स्तर पर वापस लाने की प्रक्रिया है। अब आप अपने इक्विटी लाभ को बेचकर और इस राशि से debt होल्डिंग खरीद कर rebalancing कर सकते हैं। Rebalancing का एक और तरीका है कि आप debt में इतना निवेश करें की इक्विटी और debt का अनुपात वापस 60:40 तक पहुंच जाए।

उदाहरण: 1/n मॉडल

Equal weighted asset allocation scenario analysis

	Portfolio	Asset class	Amount invested in 2003	10-year Annualised Returns	Profit earned	Total value of Investment in 2013		
Conservative	A	Debt	30,000	7%	26,683	56,683	A	Debt Only
	A	Total	30,000	7%	26,683	56,683		
	B	Debt	15,000	7%	13,341	28,341	B	Debt + Gold
	B	Gold	15,000	18%	63,280	78,280		
	B	Total	30,000	12%	65,427	95,427		
	C	Equity	10,000	18%	43,536	53,536	C	Dt+Eq+Gd
	C	Debt	10,000	7%	8,894	18,894		
	C	Gold	10,000	18%	42,187	52,187		
	C	Total	30,000	14%	83,855	113,855		
	D	Equity	15,000	18%	65,304	80,304	D	Equity + Gold
	D	Gold	15,000	18%	63,280	78,280		
	D	Total	30,000	18%	128,573	158,573		
	E	Equity	15,000	18%	65,304	80,304	E	Equity Debt
	E	Debt	15,000	7%	13,341	28,341		
	E	Total	30,000	12%	66,716	96,716		
	F	Gold	30,000	18%	126,561	156,561	F	Gold only
	F	Total	30,000	18%	126,561	156,561		
	G	Equity	30,000	18%	130,609	160,609	G	Equity Only
Aggressive	G	Total	30,000	18%	130,609	160,609		

Gold - prices from LBMA prices converted into Indian Rupees

Equity represented by CNX Nifty index

Debt represented by CRISIL Gilt index

Returns calculated from February 2003 to February 2013

पोर्टफोलियो सी समान भारत पोर्टफोलियो का प्रतिनिधित्व करता है। प्रत्येक इक्विटी, बॉन्ड और सोने में ₹10000 निवेश किए गए। इसने 14% का रिटर्न जनरेट किया है जो पोर्टफोलियो A, B और E से बेहतर है। पोर्टफोलियो D, फ़ और G ने उच्च रिटर्न दिया है, लेकिन अगर हम जोखिम पर विचार करें तो इन पोर्टफोलियो में किसी विशेष परिसंपत्ति वर्ग की उच्च मात्रा के कारण उच्च जोखिम है। इस प्रकार, पोर्टफोलियो C, एक समान भारत पोर्टफोलियो ने कम जोखिम के साथ उचित रिटर्न दिया है।

11

Risk and Return

निवेश उत्पादों में कुछ जोखिम होते हैं। जैसे धन की मात्रा कम हो सकती है या स्थिर रहती है या उतरी नहीं बढ़ती जितनी अपेक्षा थी(Volatality)। या आप अपने पैसे तुरंत वापस नहीं पा सकते क्योंकि आपके द्वारा किया गया निवेश आपको अपने पैसे तुरंत वापस नहीं लेने देता (illiquidity)। एक जोखिम यह भी है कि जो कुछ आप खरीदना चाहते हैं, भोजन, घर, etc. उनकी कीमतों में वृद्धि हो सकती है तो एक ही चीज खरीदने के लिए कर आपको अधिक पैसे खर्चने होंगे (inflation)।

औपचारिक रूप से जोखिम standard deviation या बीटा के उपयोग करके मापा जाता है। किसी निवेश के लिए standard deviation औसत रिटर्न से भिन्नता है। तो यदि एक स्टॉक का औसत रिटर्न 12% है और 5% की स्टैंडर्ड deviation है तो इस दी गई अवधि के लिए स्टॉक रिटर्न लगभग (avg return-5) 7% से avg. return +5)17% के बीच रहा है।

Beta

बीटा बाजार के सूचकांक द्वारा समझाया जा सकता है। यह रिटर्न की विविधता को मापता है। यह बताता है कि अपने बेंचमार्क के संबंध में एक संपत्ति कितनी संवेदनशील है। बेंचमार्क का beta हमेशा एक होता है। यदि एक स्टॉक का बीटा 1.2 है तो इसका मतलब है कि बेंचमार्क में प्रत्येक 1% की छाल के लिए संपत्ति 1.2% और समान दिशा में आगे

बढ़ेगी। कंजरवेटिव निवेदक जिनका फॉक्स पूंजी संरक्षण है को कम बीटा के स्टॉक या म्यूचुअल फंड में निवेश करना चाहिए।

उदाहरण के लिए 0.75 के बीटा के एक स्टॉक का मतलब है कि बाजार में 10% गिरावट में स्टॉक का मूल्य 7.5 प्रतिशत गिरने की ही उम्मीद है। आमतौर पर एक कम बीटा एक परिसंपत्ति में वांछित विशेषता है।

कोई भी निवेश निर्णय लेते समय रिस्क शुरुआती लक्ष्य होना चाहिए और रिटर्न नहीं। निवेश के बारे में इस प्रकार सोचें कि मैं कितना पैसा खुश सकता हूं और ना कि मैं कितना पैसा कमा सकता हूं। नुकसान और लाभ symmetrical नहीं है, उदाहरण के लिए 50% का नुकसान 50% का लाभ प्राप्त करके वसूल नहीं किया जा सकता, बल्कि 100% के लाभ की आवश्यकता होगी। एक फंड जो 10 वर्षों के लिए 16% रिटर्न उत्पन्न करता है, वह एक फंड बनाम बड़ा कॉरपस उत्पन्न करेगा जो 9 साल के लिए 20% रिटर्न और दसवें वर्ष में 10% की गिरावट देता है। इस प्रकार समझदारी से निवेश करने पर पर्याप्त जोर जरूरी है। दूसरे शब्दों में, बुद्धिमानी से निवेश करें।

अब, रिटर्न के हिस्से में आते हैं ज्यादातर निवेशक simple interest को समझते हैं।

Simple interest: (सरल ब्याज) वह ब्याज है जो अकेले प्रिंसिपल पर चुकाया जाता है।

सिंपल interest की गणना कैसे करें?

रुपया राशि X ब्याज दर X समय की लंबाई = अर्जित राशि।

उदाहरण

* अगर आपके पास बचत खाते में ₹100 है जो पहले वर्ष के दौरान 5% सैलरी ब्याज का भुगतान करते हैं तो ब्याज में ₹5 कमाएंगे।

  $100*0.05*1 = Rs. 5$

- 2 वर्षों के अंत में आप ₹10 अर्जित करेंगे।

- संचित ब्याज के बावजूद खाता प्रतिवर्ष पांच रुपए की दर से बढ़ रहा है।

Amount	Interest rate	interest
100	7	7
200	8	16

Compound interest /(चक्रवृद्धि ब्याज): प्रिंसिपल के साथ-साथ प्याज पर ब्याज का भुगतान करता है।

Compound interest की गणना कैसे करें

जमा राशि की मूल राशि, साथ ही अर्जित ब्याज पर ब्याज का भुगतान किया जाता है।

- अगर आपके पास बचत खाते में ₹100 है जो सालाना पांच प्रतिशत ब्याज का भुगतान करता है तो पहले साल में आप ब्याज में ₹5 कमाएंगे।

    A= P*(1+r)^n

    =100*(1+0.05)^1

    =100*(1.05)

    =105

- कंपाउंड इंटरेस्ट के साथ दूसरे वर्ष में आप ब्याज में ₹5.25 पैसे कमाएंगे।

    =100*(1+0.05)^2

    =100*(1.05)*(1.05)

    =110.25

    Compounded annual growth rate is given by

    CAGR =[final value/initial value]^(1/n)-1

Amount	Interest rate	Interest amount	Duration
Rs. 100	7	14.49	2
Rs.300	8	77.91	3

कंपाउंडिंग एक साधारण अवधारणा है, लेकिन इसका प्रभाव बहुत आश्चर्यजनक है।

एक बार एक समय पर एक राजा रहता था वह अपने परोपकार के लिए प्रसिद्ध था एक दिन एक संगीतकार उनके दरबार में आया और उसने राजा की प्रशंसा में कई गाने गए। राजा इतना खुश हुआ कि उसने संगीत के से खुद के लिए एक नाम चुनने के लिए कहा। उस आदमी ने शतरंज बोर्ड के पहले वर्ग के लिए एक मुद्रा मांगी, दूसरे के लिए दो मुद्राएं, तीसरी के लिए चार मुद्राएं, चौथ के लिए आठ मुद्राएं और इसी तरह बाकी सभी 64 वर्गों के लिए मुद्राएं मांगी।

राजा ने इसे एक बहुत ही साधारण इनाम समझा और अपने आदमियों को इनाम की रकम लाने को कहा लेकिन जब कर्मचारी इनाम की रकम की व्यवस्था करने लगे तो उन्होंने पाया कि 64 वर्ग तक 18,446,744,073,709,551,615 मुद्राओं की आवश्यकता थी!!! राजा ने उस संगीतज़ को अपना वचन दिया था। उसने अपना पूरा खजाना उसे दे दिया। लेकिन वह अपने पूरे खजाने को खाली करने के बाद, भी पूर्ण इनाम का भुगतान नहीं कर सका।

कंपाउंडिंग

कंपाउंडिंग बचत के लाभों को संदर्भित करता है। हमें छोटी उम्र से निवेश शुरू कर देना चाहिए ताकि पैसा जल्द से जल्द बढ़ने लगे। यह निम्नलिखित तरीके से काम करता है एक बैंक में पैसा रखने से 1 साल बाद यह ब्याज कमाता है। आपके द्वारा शुरू की गई राशि के साथ यह ब्याज जोड़ा जाता है। वर्ष दो के अंत में आपको इस नई राशि पर ब्याज मिलता है ना कि केवल उन पैसों पर जैसे आपने निवेश शुरू किया था। यह हर साल सम्मिलित होता है और हर साल बढ़ता रहता है। कंपाउंडिंग की वास्तविक लाभ देखने के लिए आपको प्रतीक्षा करनी पड़ सकती है,

शायद 10 वर्षों से अधिक। कंपाउंडिंग एक साधारण अवधारणा है लेकिन इसका प्रभाव बहुत आश्चर्यजनक है जो आपकी धन को स्पष्ट रूप से बढ़ावा देता है।

Your risk profile

जितना अधिक जो कि हम लेते हैं उतना ही अधिक संभावित रिटर्न मिलता है तो क्या हर किसी को अधिक पैसा कमाने के लिए उच्च जोखिम वाला पोर्टफोलियो नहीं रखना चाहिए? नहीं! आपकी जोखिम प्रोफाइल दो चीजों पर निर्भर रहती है।

* आप पैसे का उपयोग कब करना चाहते हैं: कम जोखिम वाले पोर्टफोलियो शायद धीरे बढ़ेंगे लेकिन अगर शेयर बाजार गिरता है तो यह कम गिरते हैं, इसलिए यदि आप अगले 5 वर्षों तक सेवानिवृत होने या घर खरीदने की योजना बना रहे हैं तो आपको कम जोखिम वाले पोर्टफोलियो के साथ जाना चाहिए। अगर शेयर बाजार गिरता है तो आपको सेवानिवृत्ति में देरी करने या छोटा घर खरीदने की आवश्यकता नहीं होगी लेकिन अगर आपकी सेवा निवृत्ति दशकों दूर है तो आप उच्च जोखिम वाले निवेश कर सकते हैं और अगर शेयर बाजार डुबकी लेता है तो आप उसके बैकअप होने तक प्रतीक्षा कर सकते हैं। इसलिए सेवानिवृत्ति तक आपके पास कितने साल है यह आपके सेवानिवृत्ति पोर्टफोलियो के लिए जोखिम प्रोफाइल तय करेगा। कभी-कभी हम घर का डाउन पेमेंट करने के लिए या कर खरीदने के लिए निवेश करते हैं उसे निवेश के लिए हमारी जोखिम क्षमता अलग है। इसलिए पैसे का कब उपयोग करने वाले हैं वह आपके पोर्टफोलियो की उस हिस्से के लिए आपकी जोखिम प्रोफाइल तय करता है।

* बाजार स्विंग के साथ आप कितने सहज हैं।

इसे व्यक्तिगत जोखिम सहनशीलता कहा जाता है और यहां पर व्यक्तित्व खेल में आता है। उदाहरण के लिए यदि आपको लगता है कि जब स्टॉक मार्केट डुबकी लगा तब घबराहट में आप अपने स्टॉक बेच देंगे। इसका

मतलब है आप कम कीमतों पर बचेंगे और संभवतः नुकसान को लॉक करेंगे तो इसका मतलब है कि आप कम जोखिम प्रोफाइल चाहते हैं। लेकिन अगर आप शांत है और डूबते हुए स्टॉक मार्केट न्यूज़ को ब्रश कर सकते हैं तो आप अधिक जोखिम ले सकते हैं।

संख्या 72 का जादू!

बैंक ने जमा पर 8% की ब्याज दर की पेशकश की है। श्री पाटिल जानना चाहता है कि उसका पैसा कब दोगुना होगा क्या आप श्री पाटिल की मदद कर सकते हैं?

* बस 72 को ब्याज किधर से विभाजित करें
* दिए गए वर्षों में पैसा दोगुना हो जाता है।
* 72/8=9 साल

ब्याज दर	दुगना होने के लिए वर्ष
8 %	9
12 %	6

अगर आप यह जानते हैं कि कितने वर्षों में पैसा दोगुना हो गया है तो यह अर्जित दर को खोजने के लिए भी काम आता है

ब्याज दर =72/ दुगना होने में लगे वर्ष

दुगना होने में लगे वर्ष	ब्याज दर
4	18 %
9	?

पोर्टफोलियो मिश्रण के तीन सबसे महत्वपूर्ण ड्राइविंग कारक निम्नलिखित है।

आपका उद्देश्य

आपकी पोर्टफोलियो को आपकी उद्देश्य का प्रतिनिधित्व करना चाहिए यदि आपके पास अल्पकालिक लक्ष्य है तो आपको debt सिक्योरिटीज (debt फंड, बैंक डिपॉजिट) में निवेश करना चाहिए, क्योंकि इनमें एक निश्चित रिटर्न मिलेगा और पूंजी का कोई नुकसान नहीं होगा हालांकि यदि आपके पास दीर्घकालिक लक्ष्य है तो अग्रसिव एसेट (स्टॉक, इक्विटी फंड्स) के लिए जाए क्योंकि यह लंबे समय मैं अच्छा रिटर्न देते हैं। बैलेंस्ड फंड मध्य से दीर्घ अवधि के लिए अच्छा है।

निवेश क्षितिज

अगर मैं सेवानिवृत्ति के लिए निवेश कर रहा हूं और यह दशकों दूर है तो उसे पैसे को कुछ जोखिम वाले निवेश में लगा सकता हूं। लेकिन अगर मैं एक कार के लिए पैसे निवेश करना चाहता हूं जो मैं एक दो साल बाद लूंगा तो मैं पैसा debt में निवेश करूंगा।

एक युवा व्यक्ति के पास निवेश का लंबा क्षितिज होता है और इसलिए वह इक्विटी फंड में अपनी बजट का एक बड़ा हिस्सा निवेश कर सकता है। एक बूढ़े व्यक्ति को अपनी पूंजी को बचाने के लिए कंजरवेटिव सिक्योरिटी में निवेश करना चाहिए।

जोखिम उठाने का माद्दा

निवेश विकल्प आपके जोखिम की भूख पर भी निर्भर करता है। यहां तक कि यदि आप युवा है तो भी आप इक्विटी फंड में अपनी बचत का एक बड़ा हिस्सा निवेश करने में सहज नहीं हो सकते। अगर मैं बाजार में उतार-चढ़ाव से विचलित नहीं होता और लंबी अवधि के लिए निवेश कर रहा हूं तो मैं स्टॉक या इक्विटी फंड के लिए जा सकता हूं।

12

म्युचुअल फंड योजना में निवेश करते समय क्या करना चाहिए

DOs for investing in mutual funds

- निवेश से पहले प्रस्ताव दस्तावेज सावधानीपूर्वक पढ़ें।

- Regular प्लांस की बजाय direct plans चुनें।

- संकीर्ण फोकस फंड जैसे सेक्टर फंड, अंतरराष्ट्रीय फंड में अपने निवेश को 10 से 15% तक सीमित करें।

- म्युचुअल फंड रैंकिंग और रेटिंग आपकी सेवा के लिए है आपको निर्देश देने के लिए नही। उन पर निर्भर ना रहे सावधानी बरतें।

- उद्देश्य और जोखिम क्षमता के आधार पर एक योजना में निवेश करें

- ध्यान दें कि किसी योजना या फंड का पिछला प्रदर्शन योजना या फंड की भविष्य की प्रदर्शन का संकेत नहीं है। पिछला प्रदर्शन भविष्य में जारी रखा जा सकता है या नहीं भी हो सकता है।

म्युचुअल फंड योजना में निवेश करते समय क्या नहीं करना चाहिए

Don'ts for investing in mutual funds

- आपको म्युचुअल फंड खरीदने के लिए डीमैट या ट्रेडिंग अकाउंट की आवश्यकता नहीं है।

- जब तक आप म्युचुअल फंड की विशेषज्ञ नहीं है तब तक NFO नहीं खरीदें।

- बैंकों, ब्रोकरेज से म्युचुअल फंड नहीं खरीदें। क्यों?

बाजार को समझे उन्हें एक फंड हाउस से मिलने वाली कमिश्नर से उनकी आय मिलती है।

- नंबर एक फंड का पीछा ना करें। एक योजना है दूसरे में, एक उत्पाद से दूसरे में स्विच ना करें। याद रखें की गतिविधि बढ़ने से लागत और व्यय की वजह से रिटर्न काम हो जाता है।

- किसी योजना में इसलिए निवेश नहीं करें क्योंकि कोई आपको कमीशन या कुछ अन्य प्रोत्साहन, उपहार इत्यादि दे रहा है।

- योजना /म्युचुअल फंड के नाम पर अत्यधिक विचार ना करें।

- कम NAV (या NFO) वाले फंड सस्ते नहीं है।

- एक योजना के पिछले प्रदर्शन से पूरी तरह निर्देशित ना हों।

- निवेश में शामिल जोखिमों को ना भूलें।

Part 4

Mutual Funds Myths

म्यूचुअल फंड के और उनके लिए है जो शेयर बाजार में निवेश करना चाहते हैं।

म्यूचुअल फंड निवेश के लिए एक वाहन है जो विभिन्न सिक्योरिटीज में निवेश करते हैं। यह अकेले शेयर बाजार तक ही सीमित नहीं है। एक म्यूचुअल फंड अपने निवेश उद्देश्य के अनुसार निवेश करता है। डेबिट फंड केवल डेबिट सिक्योरिटीज में निवेश करते हैं, जैसे मनी मार्केट, ट्रेजरी बिल, सरकारी प्रतिभूतियों और कॉरपोरेट बॉन्ड इत्यादि। हाइब्रिड फंड डेबिट और इक्विटी के कांबिनेशन में निवेश करते हैं। इक्विटी फंड ही मुख्यत: शेयरों में निवेश करते हैं।

इसलिए यदि आप इक्विटी में निवेश नहीं करना चाहते हैं तो भी आप म्यूचुअल फंड में निवेश कर सकते हैं अपने जोखिम प्रोफाइल के अनुसार इक्विटी अनुपात वाला एक फंड चुन सकते हैं।

म्युचुअल फंड निवेश केवल युवाओं के लिए है।

एक व्यक्ति की उम्र उसके जोखिम लेने की क्षमता का संकेत है। एक युवा निवेशक अधिक जोखिम ले सकता है क्योंकि उसके पास कमाई और निवेश करने के लिए एक लंबा समय क्षितिज है। इसका मतलब यह नहीं है कि उनकी अन्य निवेशकों के लिए कोई फंड नहीं हैं। वे अपनी जोखिम प्रोफाइल के अनुसार म्युचुअल फंड का चयन कर सकते हैं।

एक सामान्य नियम के रूप में, एक रिटायटेरी को डेबिट फंड जैसे कम जोखिम वाले निवेशों के लिए जाना चाहिए जबकि युवा अधिक जोखिम ले सकते हैं। म्युचुअल फंड सभी के लिए उपयुक्त हैं निवेशक अपनी जोखिम की भूख और समय क्षितिज के अनुसार एक फंड का चयन कर सकते हैं।

सभी इक्विटी म्युचुअल फंड योजनाएं मुझे निवेश में विविधता का लाभ देंगी।

अधिकांश इक्विटी योजनाएं विविध हैं लेकिन सेक्टर फंड केवल एक विशेष उद्योग या क्षेत्र में निवेश करते हैं उसे क्षेत्र के विकास से लाभ उठाने के लिए। उदाहरण के लिए, एक आईटी फंड केवल आईटी शेयरों में निवेश करेगा। सेक्टर इक्विटी फंड फंड स्पेस में सबसे खतरनाक फंड हैं।

अगर आपके पास एक क्षेत्र पर विशेषज्ञता है, क्षेत्र के भविष्य में अच्छे प्रदर्शन पर भरोसा है तभी सेक्टर फंड के लिए जाएं।

उन निवेशकों के लिए पारंपरिक उत्पादों से बेहतर रिटर्न के लिए कोई फंड नहीं है जो इक्विटी के साथ कम जोखिम देख रहे हैं।

यदि आप एक कंजरवेटिव निवेशक हैं, और बैंक सावधि जमा से बेहतर रिटर्न खोज रहे हैं तो conservative hybrid फंड एक अच्छा विकल्प हैं। हालांकि रिटर्न गारंटीड नहीं हैं, सावधि जमा की विपरीत, MIP के पास बेहतर रिटर्न देने की क्षमता है। एक MIP काफी हद तक एक डेबिट म्युचुअल फंड योजना है। एक MIP डेबिट उपकरणों में 75 से 80% तक अपनी कॉर्पस का निवेश करता है और बाकी इक्विटी उपकरणों में। ऋण निवेश स्थिरता सुनिश्चित करते हैं और इक्विटी एक्स्पोज़र रिटर्न बढ़ाता है।

मैं निवेश करने के लिए इतना समृद्ध नहीं हूं।

म्युचुअल फंड्स आपको छोटी मात्रा में निवेश करने की सुविधा देते हैं। अधिकांश योजनाओं में न्यूनतम निवेश हजार रुपए से कम है या SIP के मामले में ₹500 है। यहां तक की यदि आप एक मस्त निवेश करने की योजना बनाते हैं तो अधिकांश योजना में न्यूनतम राशि ₹5000 है।

कृपया योजनाओं के न्यूनतम निवेश आवश्यकताओं की जांच के लिए ऑफर डॉक्यूमेंट पढ़ें।

सभी म्युचुअल फंड में Lock In अवधि है।

केवल Closed ended योजनाएं और फिक्स्ड मेच्योरिटी प्लान में lock in अवधि है। इन फंडों में केवल आप NFO के समय निवेश कर सकते हैं। तथापि क्लोज्ड एंडेड स्कीम /FMP स्टॉक एक्सचेंज पर सूचीबद्ध हैं, जहां आप इकाइयों को खरीद/ बेच सकते हैं। स्कूटी लिंक्ड बचत योजना (ELSS) जो आयकर अधिनियम की धारा 80C में कर कटौती प्रदान करते हैं, 3 साल lock in अवधि है। आप किसी भी दिन ओपन एंडेड म्युचुअल फंड खरीद और बेच सकते हैं।

म्युचुअल फंड निवेश स्टॉक निवेश से अधिक जोखिम भरा है।

एक म्युचुअल फंड फंड के निवेश उद्देश्य के अनुसार डेबिट सिक्योरिटीज और स्टॉक की संख्या में निवेश करता है और ऐसा करके वह केवल एक ही स्टॉक या ऋण उपकरण में निवेश के जोखिम को काम करता है।

हम एक व्यक्तिगत निवेशक के रूप में इस तरह के विभिन्न निवेश नहीं कर सकते। हमारे पास कई निवेशों में निवेश करने के लिए पैसा नहीं है। आगे एक फंड मैनेजर के पास स्टॉक रिसर्च और चयन करने के लिए कौशल और विशेषज्ञता है, विश्लेषकों की एक टीम है जो म्युचुअल फंड निवेश को कम जोखिम भरा बनती है।

डेबिट फंड भी इक्विटी बाजार के उतार-चढ़ाव से प्रभावित होते हैं।

डेबिट फंड इक्विटी में निवेश नहीं करते और इसलिए वे शेयर बाजार के उतार-चाल से प्रभावित नहीं होते। यह मनी मार्केट, ट्रेजरी बिल,

सरकारी प्रतिभूतियों और कॉरपोरेट बॉन्ड जैसे उपकरणों में निवेश करते हैं।

इक्विटी बाजार का प्रदर्शन सीधे शेयर बाजार से संबंधित है।

हां, इक्विटी म्युचुअल फंड का प्रदर्शन शेयर बाजार से संबंधित है लेकिन संबंध 100% नहीं है। एक इक्विटी म्युचुअल फंड योजना आमतौर पर 30 से 40 शेयरों में निवेश करती है और यह आवश्यक नहीं है कि म्यूचुअल फंड शेयर बाजार के प्रदर्शन को दोहराएंगे।

यहां तक की मंडी में भी कुछ ऐसे स्टॉक है जो बहुत अच्छा रिटर्न देते हैं। आगे फंड प्रबंधक अच्छे रिटर्न के लिए समय-समय पर पोर्टफोलियो की समीक्षा करता है। इसके अलावा फंड प्रबंधकों के पास पोर्टफोलियो का एक हिस्सा या तो ऋण या नगदी में स्थानांतरित करने की स्वतंत्रता है। अगर शेयर बाजार गिरते हैं तो म्युचुअल फंड कुछ हद तक क्षरण को नियंत्रित कर सकते हैं। तू इक्विटी म्युचुअल फंड का प्रदर्शन शेयर बाजार से संबंधित है लेकिन 100% संबंध नहीं है।

म्युचुअल फंड केवल विशेषज्ञों के लिए हैं।

म्युचुअल फंड से उदासीनता का एक कारण यह भी है कि निवेशकों को लगता है कि सब कुछ उनके सिर के ऊपर से जाएगा और यह कैसे काम करते हैं, केवल विशेषज्ञ ही समझ सकते हैं। यह बिल्कुल भी सच नहीं है! इक्विटी बाजार की विपरीत, आपको शेयर खरीदने या बेचने के पर कॉल करने की आवश्यकता नहीं है फंड मैनेजर आपके लिए यह करेगा। विभिन्न क्षेत्रों में कंपनियों को ट्रैक करना भी उसका काम है वह आपको यह तय कर करने में मदद करे कि आपका पैसा कहां निवेश करना है तो वास्तविकता में यदि आप एक वित्त विशेषज्ञ नहीं है तो आपके पैसा एक विशेषज्ञ निवेश करता है और इसमें कोई संदेश नहीं कि उसकी मदद से आप अच्छे रिटर्न प्राप्त करेंगे।

सभी म्युचुअल फंड योजनाएं जोखिम भरी हैं।

म्युचुअल फंड निवेश के लिए वहां है जो विभिन्न सिक्योरिटीज में निवेश करते हैं। एक म्युचुअल फंड अपने निवेश उद्देश्य के अनुसार निवेश करता है। इक्विटी फंड्स ही मुख्यत: शेयरों में निवेश करते हैं। हाइब्रिड फंड डेबिट और इक्विटी कैसे कांबिनेशन में निवेश करते हैं। डेबिट फंड केवल डेबिट सिक्योरिटीज में निवेश करते हैं, जैसे मनी मार्केट, ट्रेजरी बिल, सरकारी सिक्योरिटीज और कॉरपोरेट बॉन्ड इत्यादि। डेबिट फंड कम जोखिम भरे हैं, लिक्विड फंड में सभी फंड्स के बीच सबसे कम जोखिम है।

लिक्विड फंड बैंक बचत खाते का एक अच्छा विकल्प है। यह फंड बचत खाते से बेहतर रिटर्न प्रदान करते हैं। उनमें कोई प्रविष्टि या निकास भर नहीं है और एक दिन के भीतर ही रिडीम किया जा सकता है। अब कुछ फंड आपको एटीएम के माध्यम से रिडीम करने की भी अनुमति देते हैं। इन सभी विशेषताओं से कॉरपोरेट और व्यक्तिगत निवेश को दोनों के लिए लिक्विड फंड आदर्श हैं। अधिकांश लिक्विड फंडों के लिए रिटर्न लगभग बराबर होते हैं और अधिकांश फंडों में AAA रेटेड debt सिक्योरिटीज का पोर्टफोलियो होता है। AAA उच्चतम रेटिंग है जिसका अर्थ है कि ब्याज और मूल पुनर भुगतान पर डिफॉल्ट होने की संभावना सबसे कम है।

इक्विटी म्युचुअल फंड कम समय अवधि के लिए भी उपयुक्त हैं।

कुछ निवेशकों का मानना है कि इक्विटी म्युचुअल फंड कम समय में भी आकर्षक रिटर्न देंगे। पांच साल या उससे कम अवधि के लिए इक्विटी अत्यधिक अस्थिर है। बाजार में तेजी के दौरान उत्पन्न अच्छी रिटर्न को देख वह यह मानते हैं कि मौजूदा रुझान आगे भी जारी रहेगा। बाजार में जब तेजी है तब वह पैसा लगाते हैं। वह खतरनाक निवेश रणनीतियां अपनाते हैं। जब बाजार फिर से गिरता है तो वह घबराकर अपने पैसे

बाहर निकाल लेते हैं और बाजार में वापस नहीं आया लौटने की शपथ लेते हैं।

इक्विटी म्युचुअल फंड लंबी अवधि के लिए है। लंबी अवधि में यह किसी भी अन्य संपत्ति वर्ग की तुलना में उच्च रिटर्न प्रदान करते हैं। लेकिन आपको इनमें अस्थिर बाजार परिस्थितियों में भी निवेशित रहना होगा। 10 साल या उससे अधिक लंबे समय तक अपने म्युचुअल फंड के साथ रहना बेहद फायदेमंद है। होल्डिंग अवधि जितनी अधिक होगी उतनी अधिक संभावना है कि आप उच्च रिटर्न पाएंगे।

एक कम NAV फंड एक अच्छा विकल्प है क्योंकि यह सस्ता है।

म्युचुअल फंड योजनाएं जिनके अन्यब कम है वह सस्ते नहीं है। जब आप म्युचुअल फंड योजना में इकाइयां खरीदने हैं तो NAV अंतर्निहित सिक्योरिटीज के मूल्य को दर्शाता है। यह NAV में वृद्धि या कमी है जो रिटर्न को दर्शाती है। कम NAV पर उपलब्ध योजनाएं या NFO (रु 10 प्रति यूनिट) इसलिए सस्ते नहीं है और आपको इनमें निवेश करने की प्रलोभन से बचना चाहिए।

डेबिट फंड 100% सुरक्षित है।

यह एक भ्रम है कि डेबिट फंड में पैसे कम नहीं हो सकते। उनके रिटर्न ब्याज दर में उतार-चढ़ाव से जुड़े हुए हैं। जब ब्याज दर बढ़ती है म्युचुअल फंड द्वारा निवेशित बॉन्ड का मूल्य नीचे चला जाता है। शॉर्ट टर्म फंड जो 1 से 2 वर्ष की परिपक्वता वाले सिक्योरिटीज में निवेश करते हैं, ब्याज दर में उतार-चढ़ाव की प्रति कम संवेदनशील होते हैं और अपेक्षाकृत सुरक्षित हैं।

जो फंड्स डिविडेंड का भुगतान करते हैं वह उन फंडो से बेहतर है जो डिविडेंड का भुगतान नहीं करते ।

एक म्युचुअल फंड अपनी जेब से डिविडेंड घोषित नहीं करता, यह फंड की NAV से ही निकल जाता है। फंड का मूल्य डिविडेंड भुगतान की सीमा तक कम हो जाता है। यह निवेशक का ही पैसा है जो,(NAV से लिया गया है) डिविडेंड के रूप में उसे भुगतान किया जाता है।

म्युचुअल फंड में निवेश करते समय आपको इक्विटी निवेश की डिविडेंड रणनीति से बाहर निकलना चाहिए। कभी-कभी फंड हाउस निवेशकों को आकर्षित करने के लिए इस मानसिकता का लाभ उठाते हैं। जब आप डिविडेंड के माध्यम से म्युचुअल फंड से पैसा निकालते हैं तो कंपाउंडिंग के लाभ को खो देते हैं। जब आप निवेश करते हैं तो समय के साथ रिटर्न बढ़ते जाते हैं और कंपाउंडिंग का लाभ मिलता है। कंपाउंडिंग के लिए जरूरी है कि अपने मूल निवेश को सुरक्षित रखें और यदि संभव हो तो इसमें पैसा जोड़ें लेकिन इससे वापस ना लें। इस प्रकार म्युचुअल फंड में, (केवल,)डिविडेंड के आधार पर निवेश एक अच्छी रणनीति नहीं है।

SIP म्युचुअल फंड से अलग है।

तथ्य यह है की SIP निवेश के लिए कोई विशेष योजना नहीं है। SIP सिर्फ निवेश का एक तरीका है। SIP में आप नियमित अंतराल पर एक म्युचुअल फंड में धनराशि निवेश करते हैं जैसे हजार रुपए प्रतिमाह। आप किसी भी म्युचुअल फंड योजना में SIP कर सकते हैं।

आपको एक स्टॉक की तरह म्युचुअल फंड में टाइमिंग की जरूरत है।

म्युचुअल फंड स्टॉक का एक विधिक पोर्टफोलियो है। म्युचुअल फंड में सही टाइमिंग की जरूरत नहीं है। जब आप म्युचुअल फंड में निवेश करते हैं तो आपको विभिन्न क्षेत्रों और कंपनियों को ट्रैक नहीं करना है। कंपनियों की विकास संभावनाओं का आपको फैसला नहीं करना

है। शेर कब खरीदना या बेचना है यह फैसला आपको नहीं करना है। फंड मैनेजर आपके लिए यह करेगा। एक फंड मैनेजर के पीछे विश्लेशको की एक टीम का समर्थन होता है। इसके अलावा आपको विविधीकरण का भी लाभ मिलता है। उदाहरण के लिए, एक इक्विटी फंड कई शेयरों में निवेश करता है जो व्यक्तिगत निवेशक के लिए बहुत कठिन है।

NOTES

13
अस्थिरता और जोखिम

अल्पकालीन अस्थिरता और जोखिम में एक अंतर है। अल्पकालीन स्थिरता को दीर्घकालिक जोखिम नहीं समझा जा सकता। जोखिम या तो धन का स्थाई नुकसान है यह रिटर्न की नकारात्मक वास्तविक दर कमाना है। मुद्रास्फीति कटौती के बाद रिटर्न की जो दर प्राप्त होती है वेयर रिटन की वास्तविक दर (real return) है। रिटर्न की नकारात्मक वास्तविक दर का मतलब है कि आपका कॉरपस वास्तव में समय के साथ घट रहा है।

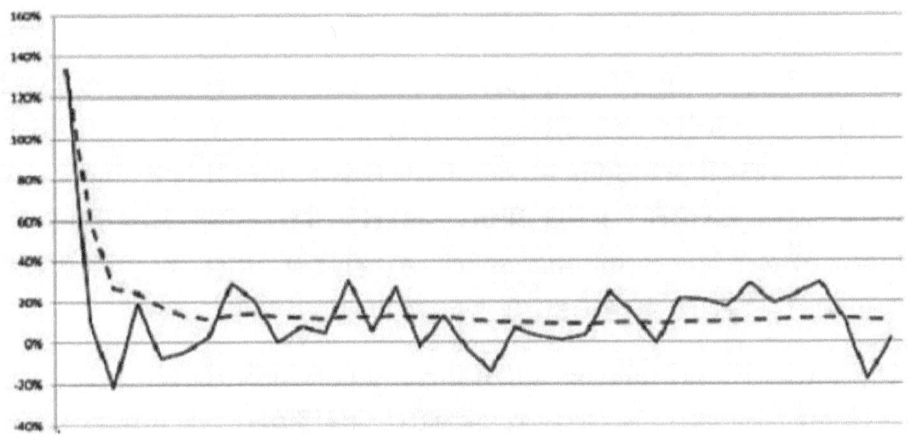

निवेशकों के लिए एक बड़ी चिंता volatality है, जो समय की साथ कम हो जाती है। यदि हम अलग-अलग परिसंपत्ति वर्गों के लिए

वोलैटिलिटी देखते हैं तो शेयर छोटी अवधि के लिए अत्यधिक स्थिर होते हैं। हालांकि अगर हम समय को एक वर्ष तक बढ़ाते हैं तो जोखिम थोड़ा कम हो जाता है। यदि हम 10 वर्षों की समय अवधि मानते हैं तो स्टॉक स्थिरता में भारी कमी आती है। वास्तव में, 10 साल की अवधि में बॉन्ड और अन्य ऋण उपकरण जो अल्प अवधि में जोखिम मुक्त होते हैं उनसे नकारात्मक real रिटर्न मिलता है। मुद्रास्फीति एक कारक है जिसे हम दीर्घकालिक निवेश करते वक्त काम करके आंकते हैं। नकद में कोई अल्पकालिक जोखिम नहीं है। लेकिन नकद में दीर्घकालिक जोखिम है क्योंकि मुद्रास्फीति इसके मूल्य को कम कर देती है। बैंक जमा में कोई अल्पकालिक जोखिम नहीं है लेकिन इसमें कुछ दीर्घकालिक जोखिम है। एक स्टॉक में उच्च अल्प अवधि जोखिम होता है क्योंकि यह crash हो सकता है लेकिन इसमें दीर्घकालिक जोखिम कम है।

जोखिम अल्प अवधि के लिए एक प्रमुख समस्या है लेकिन लंबी अवधि के लिए नहीं। जोखिम प्रबंध किया जा सकता है। विभिन्न निवेश रणनीतियों का उपयोग करके आप निवेश जोखिम का प्रबंध कर सकते हैं। जब आप एक ही स्टॉक में निवेश करते हैं तो जोखिम अधिक होता है लेकिन जब आप स्टॉक की टोकरी में निवेश करते हैं तो अब तो आप अपना जोखिम कम करते हैं एक म्युचुअल फंड या विभिन्न स्टॉक का पोर्टफोलियो आपके लिए कर सकता है जोखिम को कम करने का एक और तरीका है स्टॉक या म्यूचुअल फंड खरीदने के लिए rupee cost averaging तकनीक का उपयोग करना। इस विधि का उपयोग करके आप कम कीमतों पर इकाइयों की उच्च संख्या और अधिक कीमत पर कम इकाइयां खरीदते हैं। इस प्रकार यह तकनीक स्टॉक अधिग्रहण की आपकी औसत लागत को कम करती है। मैं इस विधि को एक अलग अध्याय में विस्तार से समझाया है।

हर कीमत पर जोखिम से आनाकानी का मतलब रिटर्न खोना भी होगा। हमें जोखिम विरक्त के विपरीत समझदारी से जोखिम लेने वाला बनना है।

Conversation between a fund manager and an investor

मेरी उड़ान में देरी हुई और मैं एयरपोर्ट पर एयरलाइन लॉन्च में इंतजार करना चुना। शेयर बाजार के हालिया सुधार के कारण मैं थोड़ा निराश महसूस कर रहा था। लाउंज लगभग पूरा भरा था लेकिन आश्चर्य से एक प्रसिद्ध इक्विटी फंड मैनेजर के बगल में एक स्थान खाली था। मैंने भाग्य का शुक्रिया किया और उसके बगल में बैठ गया। आश्चर्य से वह वार्तालाप के लिए तैयार था और थोड़ी देर के बाद काफी खुल गया। शाम को हमारी बातचीत लगभग मोटे तौर पर इस प्रकार रही:

मैं: हेलो सर, आपसे मिलकर खुशी हुई, मैं आपसे बात करना चाहता हूं। मैं 2 साल से अधिक समय से आपका फंड का प्रशंसक और निवेशक दोनों रहा हूं।

फंड मैनेजर: धन्यवाद, कृपया विराजें।

मैं: अगर आपको कोई एतराज ना हो तो, महोदय मैं आपसे कुछ सवाल पूछना चाहता हूं। ऐसा अक्सर नहीं होता कि आपके जैसे फंड मैनेजर से मुलाकात हो।

फंड मैनेजर: निश्चित रूप से, कृपया आगे बढ़ें।

मैं: आपका धन्यवाद। मैंने पिछले तीन सालों में कई फंडों में निवेश किया है लेकिन अब मैं हाल में ही हुए सुधार की वजह से थोड़ा डरा हुआ हूं। तो, महोदय, मेरा सवाल यह है कि बाजार अब कैसा दिखता है।

फंड मैनेजर: यह किसी भी तरफ जा सकता है। कुछ क्षेत्रों में सुधार हुआ है। चढ़ाव के बारे में बात करने के लिए सकारात्मक बिंदु है, लेकिन कुछ कारणों को देखते हुए बाजार में एक और सुधार संभव हो सकता है। यहां तक की बाजार में सुधार का स्वागत है।

मैं: महोदय, आप ऐसा इसलिए कह रहे हैं क्योंकि आप खुली तौर पर बात नहीं करना चाहते?

फंड मैनेजर: नहीं दोस्त। मैं स्पष्ट हूं।

मैं: एक फंड मैनेजर नहीं जानता कि बाजार कैसे आगे बढ़ेगा? आखिरकार, यह आपका काम है।

फंड मैनेजर: कृपया, क्षमा करें। एक फंड मैनेजर सकारात्मक और नकारात्मक कारकों का आकलन कर सकता है जो बाजार उतार-चढ़ाव निर्धारित करते हैं। लेकिन कोई फंड मैनेजर भविष्यवाणी नहीं कर सकता कि बाजार कब ऊपर जाएगा और कब नीचे। किसी व्यक्तिगत स्टॉक के लिए भी यही सच है। टेलीविजन पर व्यवसाय चैनलों में जो आप देखते हैं वह स्पीकर का बस अनुमान है कि क्या होगा।

मैं: क्या आप कृपया समझ सकते हैं, महोदय?

फंड मैनेजर: देखें, अल्प अवधि में एक स्टॉक की आवाजाही सचमुच सैकड़ो कारणों पर निर्भर है। यह हजारों निवेशकों की भावनाओं से प्रभावित होती है। यह राजनीतिक घटनाओं, कुछ राष्ट्रीय अंतरराष्ट्रीय समाचारों, केंद्रीय मंत्री, आरबीआई के गवर्नर या किसी प्रमुख अर्थव्यवस्था में किसी मौद्रिक प्राधिकारी द्वारा दिए गए बयान के प्रति प्रतिक्रिया हो सकती है। इसके अलावा यह एक घोटाले की खबर या मुद्राओं या वस्तुओं की आवाजाही से प्रभावित हो सकती है। हम इन सब चीजों को नियंत्रित करने या भविष्यवाणी करने का प्रयास नहीं कर सकते।

मैं: तो भविष्यवाणी क्यों, महोदय?

फंड मैनेजर: मेरा मानना यह है कि ज्यादातर निवेशक केवल बढ़ते बाजार में निवेश करना चाहते हैं। गिरने वाले बाजार से लोग तब तक दूर रहना चाहेंगे जब तक कोई यह नहीं कहता कि बाजार फिर से बढ़ने लगेगा और निवेश उत्पादों के आपूर्ति कर्ता के रूप में हमें उम्मीद है कि बाजार फिर से बढ़ने लगेगा, बस उसे ही भविष्यवाणी मान लिया जाता है।

मैं: तो इसमें गलत क्या है, महोदय? क्या पूंजी बाजार धन के कुशल उपयोग के लिए नहीं हैं? अगर हम जानते हैं कि इक्विटी बाजार नकारात्मक रिटर्न देने जा रहा है हम इससे दूर रह सकते हैं और हम तब निवेश कर सकते हैं जब हम समझते हैं कि बाजार बढ़ेगा। गिरते बाजार में, मैं निश्चित रूप से निवेश नहीं करना चाहता।

फंड मैनेजर: आपके द्वारा अभी उपयोग किए जाने वाला सबसे महत्वपूर्ण शब्द "अगर" था। जानते हैं एक पेशेवर निवेशक के रूप में मुझे क्या परेशान करता है? बाजार कब बढ़ेगा या गिरेगा इस भविष्यवाणी की कोशिश में बहुत अधिक प्रयास बर्बाद हो रहा है। क्या आप बता सकते हैं किसी भी इंसान ने सही ढंग से ऐसी भविष्यवाणी की है?

मैं: नहीं कर।

फंड मैनेजर: इसके अलावा, आप यह क्यों सोचते हैं कि बाजार का गिरना अप्राकृतिक है। जैसे सांस लेते वक्त श्वास और निकास दोनों प्राकृतिक प्रक्रियाएं हैं, वृद्धि और गिरावट बाजार के दोनों प्राकृतिक चरण हैं। बाजार में उतार-चढ़ाव खराब नहीं है। अगर आप स्थायी रूप से अपना धन खो देते हैं केवल वह खराब है। प्रत्येक गिरावट की भविष्यवाणी करने की कोशिश में अपना समय बर्बाद ना करें। हम में से कोई भी ऐसा नहीं कर सकता।

मैं: धन की स्थाई हानि से मैं खुद को कैसे बचा सकता हूं, महोदय?

फंड मैनेजर: एक, अच्छे निवेश उत्पादों का चयन करें, "सर्वश्रेष्ठ उत्पाद" की तलाश ना करें। दूसरा देखें की विविधीकरण की उचित मात्रा है या नहीं। अंत में उचित संपत्ति आवंटन सुनिश्चित करें जो आपके और आपके परिवार की आवश्यकताओं पर आधारित है ना कि आधार पर कि आपकी पड़ोसी क्या कर रहे हैं। आपके निवेश सलाहकार की भूमिका इस परिसंपत्ति आवंटन निर्णय में महत्वपूर्ण है इसलिए सुनिश्चित करें कि आपको सही सलाहकार मिल जाए।

मैं: यह एक दिलचस्प बात है आप सुझाव दे रहे हैं कि हम सबसे अच्छा उत्पादन ना खोजें और आप दूसरा सुझाव दे रहे हैं कि प्रत्येक उत्पाद एक दूसरे से अलग होना चाहिए?

फंड मैनेजर: आपके पहले प्रश्न का उत्तर, ऐसा इसलिए है क्योंकि सर्वश्रेष्ठ उत्पाद आमतौर पर उस निवेश उत्पाद को माना जाता है जिसने पिछले 12 महीने में उच्चतम रिटर्न दिया है (कुछ मामलों में पिछले तीन महीनों में) इस आधार पर क्या आपने कभी देखा कि कोई भी निवेश उत्पाद लगातार नंबर एक की स्थिति में रहा हो।

मैं: नहीं कर। वास्तव में, मैंने 2 साल पहले आपके फंड में निवेश करना चुना क्योंकि यह उस समय शीर्ष पर था। मैं निराश हूं कि आपका फंड इस साल तीसरे स्थान पर है।

फंड मैनेजर: पिछले 10 वर्षों में प्रत्येक वर्ष में नंबर एक फंड की सूची बनाएं और देखें। मुझे यकीन है कि आपको 10 अलग-अलग नाम मिलेंगे। दोस्त, मुझे यह भी बताएं, आपने कहा था कि आपने 2 साल पहले मेरा फंड खरीदा था जब यह करीब शीर्ष पर था। क्या आपने 3 साल पहले मेरे फंड में खरीदारी करने पर विचार किया था?

मैं: नहीं सर, 3 साल पहले आपका फंड नीचे था।

फंड मैनेजर: सही, लेकिन अगर आपने 3 साल पहले अपना फंड खरीद होता तो पिछले तीन वर्षों में आपका संयुक्त रिटर्न पिछले साल जनरेट किए गए 1 साल के रिटर्न से काफी बेहतर होता। इसके बारे में सावधानी से सोचिए।

एक फंड जिसने पूर्व में अच्छा प्रदर्शन किया था खरीदना बेहतर है या एक फंड जो खरीदने के बाद अच्छा प्रदर्शन करता है? आप कब अधिक पैसे बनाएंगे?

मैं: खैर महोदय, मुझे लगता है कि वह फंड जो खरीदने के बाद अच्छा प्रदर्शन करता है।

फंड मैनेजर: निश्चित रूप से लेकिन जब एक फंड पैक के नीचले भाग में होता है तो आप उसे खरीदने के कितने इच्छुक होते हैं।

मैं: उस समय निवेश करने की हिम्मत नहीं करता। कौन ऐसा उत्पाद खरीदना चाहता है जो खराब प्रदर्शन करता है?

फंड मैनेजर: मित्र, यदि आप ऐसा रवैया रखते हैं तो इस समय आपका निवेश प्रदर्शन मध्यस्थ होना चाहिए। आप जो प्रदर्शन की बात कर रहे हैं वह खरीदने के बाद महत्वपूर्ण है, उन्होंने अच्छा प्रदर्शन पूर्व में किया है।

यह समय है कि हम सभी स्वीकार करें कि कहीं भी दुनिया में कोई ऐसा उत्पाद नहीं है जो लगातार शीर्ष पर रहा है।

दूसरा, हम इस तथ्य को स्वीकार करें कि हम सही भविष्यवाणी नहीं कर सकते कि अगले वर्ष कौन सा निवेश उत्पाद अच्छा प्रदर्शन करेगा।

तीसरा, जैसा कि मैं पहले ही आपको बताया है, सावधानी से उन्हें चुनने के बाद बस उनके साथ रहें।

सर्वश्रेष्ठ उत्पादन प्राप्त करने की कोशिश करने के बजाय अच्छे उत्पादों को चुनने की अपने लाभ हैं। आप एक साथ कई अच्छी उत्पादों में निवेश कर सकते हैं लेकिन आपके पास केवल एक सर्वश्रेष्ठ उत्पाद हो सकता है (क्योंकि सर्वोत्तम हमेशा बदलता रहता है)।

मैं: कैसे एक अच्छा उत्पाद खोज सकता हूं, महोदय?

फंड मैनेजर: एक अच्छे उत्पादन में निम्नलिखित विशेषताएं होगी।

a) यह उत्पाद अपने वादे के प्रति वफादार रहता है। दूसरे शब्दों में यह वही करता है जो उसे करना है मैं उत्पन्न रिटर्न के बारे में बात नहीं कर रहा हूं। मैं यहां निवेश की दृष्टिकोण के बारे में बात कर रहा

हूं। SEBI द्वारा हाल ही में पुन:वर्गीकरण सही दिशा में एक कदम है ताकि सुनिश्चित हो सके की निवेश उत्पाद वह करते हैं जो उन्हें करना है।

b) वार्षिक आधार पर निवेश प्रदर्शन देखने की कोशिश करें और CAGR रिटर्न को ना देखें। एक फंड असाधारण रूप से एक वर्ष अच्छा प्रदर्शन दे सकता है, और यदि प्रदर्शन उस समय देखा गया तो 3 साल और 5 साल दोनों का प्रदर्शन अच्छा लगेगा। बेहतर होगा कि हर साल रोलिंग रिटर्न देखने का प्रयास करें।

c) सबसे ऊपर, एक तार्किक निवेश प्रक्रिया है जिसका लगातार पालन किया जा रहा है।

d) खरीद और बिक्री के निर्णय सन की ढंग से नहीं किए जाते हैं।

उपयुक्त सभी के लिए आपके निवेश सलाहकार के इनपुट और शोध महत्वपूर्ण होगा। बहुत से निवेशक इन चीजों का अध्ययन अपने आप नहीं कर सकते।

मैं: यह उपयोगी है सर। लेकिन आपने क्यों कहा कि मेरे पोर्टफोलियो में प्रत्येक उत्पाद एक दूसरे से अलग होना चाहिए।

फंड मैनेजर: यदि आपके पास समान उत्पाद पोर्टफोलियो में है तो वह एक साथ बढ़ेंगे और एक साथ गिरेंगे विविधीकरण का उद्देश्य पूरा नहीं होगा। उन्हें एक दूसरे से अलग होने दें। इसका मतलब है कि उनके रिटर्न का अलग-अलग trajectory होगी। इस तरह आप इस तरह से आप इस संभावना को बढ़ा रहे हैं कि किसी भी दिए गए समय पर आपके पास काम से कम एक फंड होगा जो अच्छा प्रदर्शन कर रहा होगा। यदि आपके सभी फंड में समान पोर्टफोलियो है तो वह सभी एक साथ बुरा प्रदर्शन करेंगे जो आपकी निवेश के लिए अच्छा नहीं है।

मैं: आपने यह भी कहा कि उत्पादों का एक सेट सावधानीपूर्वक चुनने के बाद मुझे उनके साथ रहना होगा। क्या मैं एक उत्पाद से दूसरे में स्विच करके बेहतर रिटर्न नहीं पा सकता?

फंड मैनेजर: कठिन है। मैं अपने अनुभव से आपको बता सकता हूं कि इस व्यवसाय में सबसे महत्वपूर्ण खुद के साथ सच्चा होना है। अपने आप से झूठ मत बोलो, क्या आप सही ढंग से भविष्यवाणी कर सकते कि कौन सा फण्ड अगले वर्ष में शीर्ष पर होगा और कौन सा फंड अगले वर्ष के बाद अगले वर्ष शीर्ष पर होगा और कौन सा उसके बाद।

यह बेहद संभव है। इसलिए ऐसा करने की कोशिश ना करें।

बस एक अच्छा large cap फंड, एक अच्छा diversified फंड और एक अच्छा mid cap फंड पर्याप्त है। अगर इसके बाद भी धन शेष है तो आप एक अच्छा PMS चुन सकते हैं। Ultra HNI प्रत्येक फंड समूह में दो पदों का चयन कर सकते हैं। इनमें लगभग सभी की इक्विटी जरूरत के उत्पादन मिल जाने चाहिए। इनमें से कुछ समय-समय पर कम रिटर्न देंगे लेकिन यह बहुत चालाक होने की कोशिश करने में अपने पैसों को स्थाई रूप से खोने से बेहतर है।

लिखें कि आप अपने निवेश कार्यक्रम से क्या हासिल करना चाहते हैं।

अस्पष्ट योजना तैयार न करें जैसे "बहुत पैसा बनाना"।

स्पष्ट रूप से लिखें कि आप निवेश क्यों कर रहे हैं साथ ही इस बारे में साफ रहे कि आप स्टॉक की कीमतों में कितना नकारात्मक उतार-चढ़ाव सह सकते हैं।

इस समय तक मेरी उड़ान की घोषणा हो गई थी। मैंने फंड मैनेजर को धन्यवाद किया और अपनी उड़ान की तैयारी की।

मैं: यह कहना होगा कि इस वार्तालाप के बाद मुझे बेहतर लगा।

(यह एक निवेशक और एक फंड मैनेजर के बीच की काल्पनिक बातचीत है। हालांकि पात्र काल्पनिक हैं, बातचीत के पीछे के विचार लेखन के अनुभव से उत्पन्न हुए हैं।)

Financial Goals

प्रत्येक व्यक्ति के लिए वित्तीय नियोजन बहुत महत्वपूर्ण है। जितना जल्दी आप अपना पैसा प्रबंधित करना शुरू करेंगे, उतना ही बेहतर होगा। अगर आप यह छोटी उम्र से शुरू करते हैं तो भविष्य में लक्ष्यों को प्राप्त करना अधिक सुविधाजनक हो जाता है। जल्दी शुरुआत से जरुरतों को पूरा करने और निवेश को बढ़ने के लिए प्रयाप्त समय मिल जाता है। यह एक साधारण योजना बनाने के समान ही है। आइए समझने के लिए एक उदाहरण देखें।

निम्नलिखित अंश एक मार्केटिंग मेनेजर Sarita (21), और उनके बड़े भाई Ajay (35), जो एक वित्तीय योजनाकार के रूप में काम कर रहे हैं, के बीच की बातचीत है। यह बातचीत वित्तीय योजना बनाने और वित्तीय नियोजन की अवधारणा में अंतर्दृष्टि प्रदान करती है।

Sarita: एक सप्ताह के बाद मेरे सबसे अच्छे सहकर्मी का जन्मदिन है। मैं एक पार्टी की मेजबानी करना चाहती हूं। मैं स्नैक्स के लिए अपने सहयोगियों को आमंत्रित करना चाहती हूं। क्या आप कृपया मेरा मार्गदर्शन कर सकते हैं?

Ajay: सबसे पहले, आपको घटना की योजना बनाने और तदनुसार व्यवस्था करने की आवश्यकता है। Sarita: लेकिन मुझे योजना क्यों बनानी चाहिए?

Ajay: एक योजना आपको अपनी जरूरतों, संसाधनों और लक्ष्यों की एक विस्तृत तस्वीर देगी जो आप प्राप्त करना चाहते हैं। योजना के बिना आप काम को पूरा करने के लिए अनिश्चित होंगे और उपलब्ध संसाधनों को बर्बाद कर सकते हैं। मान लीजिए कि हम जन्मदिन की योजना नहीं बनाते हैं, तो संभव है कि आपके सभी सहपाठियों को आमंत्रित नहीं किया जा सके; स्नैक्स समय पर वितरित नहीं किया जाएं और जन्मदिन की पार्टी उतनी अच्छी नहीं हो जितनी आप चाहते हैं। लेकिन अगर हम योजना बनाते हैं, तो हम यह सुनिश्चित कर सकते हैं कि कोई त्रुटि ना हो और हम किसी भी असामान्य स्थिति को संभालने के लिए बेहतर ढंग से तैयार होंगे।

Sarita: ओह! मैंने पहले कभी इस बारे में सोचा नहीं था। हमारे HR मेनेजर हमें बता रहा थे कि हमें निवेश के लिए योजना बनाने की आवश्यकता है। वित्तीय योजना का क्या मतलब है?

Ajay: वित्तीय योजना का मतलब है कि आप अपने finances की योजना बनाते हैं। इसके लिए, यह

महत्वपूर्ण है कि हम अपनी जरूरतों या उद्देश्यों को समझें और फिर योजना बनाएं कि उन उद्देश्यों या लक्ष्यों को निवेश करके या धन उधार लेकर कैसे प्राप्त कर सकते हैं।

सरिता: क्या यह आपका पेशा है?

Ajay: हां, एक वित्तीय योजनाकार के रूप में मैं निवेशकों की सहायता करता हूं ताकि वे अपनी निवेश और वित्तीय योजनाओं का प्रबंधन कर सकें। हम निवेशकों को उनका धन पार्क करने के लिए सही संपत्ति वर्ग चुनने में सहायता करते हैं जिससे वे भविष्य में अपनी वित्तीय जरूरतों को प्राप्त कर सकें।

Sarita: तो मैं जन्मदिन की पार्टी के लिए योजना कैसे बना सकती हूं?

Ajay: चलो देखते हैं कि हमारे पास क्या क्या चीजें हैं और पार्टी के लिए हमें और क्या चाहिए।

Ajay: आरंभ करने के लिए, आप पार्टी के लिए कितने लोग आमंत्रित करेंगे?

Sarita: मैं 20 सहकर्मियों की हमारी पूरी टीम को आमंत्रित करने की योजना बना रही हूँ।

Ajay: यह लोगों का एक बड़ा समूह है। क्या आपने पार्टी की व्यवस्था करने के लिए कोई धनराशि एकत्र की है?

Sarita: मैंने अपने सहकर्मियों से 6090 रुपये इकट्ठा किये हैं।

Ajay: अब हमें पता है कि कितने मेहमानों को आमंत्रित करना है और कितना धन हमारे पास उपलब्ध है। हम इसके अनुसार ही घटना की योजना बनाते हैं। सबसे पहले, हमें स्नैक्स (जन्मदिन केक,) और उपहार

के बीच हमारे फंडों को आवंटित करना चाहिए ताकि धन का उपयोग समझदारी से किया जा सके। क्या आप स्नैक्स के लिए शुल्क जानते हैं?

Sarita: मैंने पाया है कि 20 लोगों के लिए निकटतम फास्ट फूड की दुकान में पार्टी के आदेश के लिए हमारे 4500 रुपये के करीब खर्च होंगे।

Ajay: पार्टी की योजना

- मेहमान (संख्या में) - 20
- Funds - Rs. 6090
- स्नैक्स-Rs. 4500
- उपहार- Rs. 1000
- असामान्य स्थिति - Rs. 590

Sarita: ये असामान्य स्थिति के लिए 590 रुपये से आप क्या कहना चाहते हैं?

Ajay: अगर कुछ सहकर्मी अपने अन्य दोस्तों के साथ आते हैं, तो स्नैक्स के लिए या किसी और जरुरत के लिए इन पैसों का use कर सकते हैं। अगर पार्टी के बाद कुछ पैसे बच जाएँ तो तुम उन्हें अपने सहकर्मियों को वापस कर सकती हो। वित्तीय योजना में भी आकस्मिकताओं के लिए जगह देकर हम अदृश्य परिस्थितियों का सामना करने के लिए तैयार रहते हैं।

सरिता: मार्गदर्शन के लिए धन्यवाद।

अजय: मुझे उम्मीद है कि अब तुम जन्मदिन की पार्टी अच्छी तरह से दे पाओगी।

14

स्पोर्ट्स बाइक! !!!!

सरिता 15 वर्ष की है और उसने अपनी कक्षा 11 की परीक्षा उत्तीर्ण की है। हाल ही में उसने देखा कि

स्पोर्ट्स बाइक लोकप्रिय हो रहे हैं। तब से वह एक स्पोर्ट्स बाइक और उसके साथ ड्राइव करने के विचार से आसक्त हो गई है। सरिता शहर में सबसे अच्छे बाइक्स बेचने वाली दुकान में जाती है और पता लगाती है कि उसका खर्च रुपये 200,000! होगा।

यह सुनकर वह निराश हो गयी, वह अपने स्पोर्ट्स शिक्षक के पास गई और उन्हें स्पोर्ट्स बाइक के बारे में बताया। उसके शिक्षक जवान हैं और खुद एक स्पोर्ट्स बाइक के owner हैं। वह सरिता को ध्यान से सुनते हैं।

शिक्षक: "तब क्या परेशानी है?"

सरिताः "महोदय,क्या आप मेरे मजाक उड़ा रहे हैं? मैं इसे कैसे afford कर सकती हूं?"

शिक्षक: "सरिता आप अपनी कक्षा की वास्तव में अच्छी विद्यार्थी हैं, मेरा सुझाव है कि आप 4-5 वर्षों में अच्छी नौकरी पा लेंगी। फिर हम स्पोर्ट्स बाइक पर विचार कर सकते हैं"।

सरिताः"महोदय, मुझे पता है कि मुझे अभी इसकी आवश्यकता नहीं है, लेकिन मैं इसे कम से कम अगले 5 वर्षों में खरीदना चाहती हूं। लेकिन

कीमत इतनी ऊंची है कि 7-8 साल के बाद भी बाइक का भुगतान करने का कोई रास्ता दिखाई नहीं देता। आखिरकार, मैं अभी पढाई कर रही हूं, मैं कमाई नहीं करती। अभी मैं प्रति माह करीब 700 रुपये बचाती हूं, लेकिन इस मामूली राशि से मुझे वह बाइक कभी नहीं मिल सकती।

शिक्षक अपनी आंखों में चमक के साथ मुस्कुराया और उन्होंने कहा, "सरिता, कृपया यह मत सोचें कि मैं आपकी स्थिति का मजाक उड़ा रहा हूं। हर्गिज नहीं। असल में आपने मुझे 10 साल पहले का समय याद करा दिया जब मैंने अपनी पहली बाइक खरीदने का फैसला किया था।"

सरिता थोड़ा उत्साहित हो गयी, उसने कहा, "वास्तव में महोदय, क्या आप सफल हुए? जरुर आपने अपने पिता से उधार लिया होगा। वर्ना इतना पैसा कैसे बचाया!"

शिक्षक: "आप उस बाइक को देखते हैं, यह वही है जिसे मैंने तब खरीदा थी, जब मैं बिल्कुल 21 वर्ष का था!"

सरिता: "आपने यह अद्भुत उपलब्धि कैसे प्रबंधित की? "

शिक्षक: "बस, नियमित बचत और निवेश से। मझे बहुत ज्यादा बलिदान नहीं करना पड़ा। मैंने नियमित

रूप से एक छोटी राशि का निवेश किया और जब तक आवश्यक राशि जमा नहीं हो गई, तब तक नहीं रुका। मैंने 3 वर्षों तक हर महीने लगभग 1000 रुपये से बचत शुरू की थी और फिर बड़े होने के बाद और अधिक पैसा बचाया और निवेश किया।

सरिता: क्या आपको लगता है कि मैं वह बाइक खरीद सकती हूं, खुद ही

.... मैं अपने पिता को परेशान नहीं करना चाहती।

शिक्षक: बेशक आप कर सकती हैं! एक पेन और पेपर लाइये, हम एक योजना बनाते हैं।

- 2,00,000 रुपये जमा करने के लिये जो राशि नियमित रूप से हमें निवेश करनी होगी, इस सूत्र से हम जान सकते हैं।

- A = [P*(1+r)^n] -1_where

- जहाँ r, प्रति अवधि ब्याज दर है, n अवधि की संख्या है।

- P प्रति अवधि निवेश की गई राशि है।

	निवेश की अवधि	ब्याज की संभावित दर	प्रति माह निवेश
इक्विटी	5 साल	15%	₹ 2,230.11
बांड	5 साल	12%	₹ 2,448.89
बैंक	5 साल	7%	₹ 2,793.57

- 2,00,000 रूपये जमा करने के लिए तुम्हें लगभग 2,793 रूपये प्रति माह जमा करने

- होंगे, अगर तुम्हें 7% का रिटर्न मिलता है।

- यहाँ n 60, 0.0058 है

- क्योंकि हम हर महीने निवेश कर रहें हैं

- n = 60 माह, (5 साल = 60 महीने) र = 7% प्रति साल (0.07/12 0.0058% प्रति माह)

- 2,00,000 रूपये जमा करने के लिए तुम्हें लगभग 2,448 रूपये प्रति माह जमा करने होंगे, अगर तुम्हें 12% का रिटर्न मिलता है।

शिक्षक: तुम इस सूत्र का उपयोग कर प्रत्येक माह बचाने के लिए आवश्यक राशि जान सकती हो। अपनी ज़रूरत के अनुसार उपयुक्त संपत्ति में निवेश करना। अभी तुम कम रकम के निवेश से शुरू कर सकती हो और जब तुम्हें नौकरी मिल जाए तो तुम अधिक मात्रा में निवेश कर सकती हो।

सरिता: " क्या यह संभव है? "

शिक्षक: नियमित बचत और निवेश से तुम वह बाइक अवश्य खरीद सकती हो।

सरिता: धन्यवाद,, महोदय ।

शिक्षक: आपका स्वागत है।

वित्तीय योजना कैसे करें?

अपनी वर्तमान वित्तीय स्थिति का आकलन करें (आज हम कहां हैं) ।

अपनी वित्तीय जरूरतों की पहचान करें

हम जो हासिल करना चाहते हैं, उसे हम समय अनुसार अल्पकालिक (1 वर्ष), मध्यम अवधि (1-5 वर्ष) और

दीर्घकालिक (अधिक 5 साल से अधिक)] उद्देश्यों में विभाजित कर सकते हैं।

प्रत्येक आइटम की लागत और जिस तारीख को हम प्राप्त करना चाहते हैं उसका अनुमान लगाएं।

गणना करें कि हमें प्रत्येक सप्ताह / महीने को कितना बचाने की आवश्यकता है।

नियमित रूप से बचत की समीक्षा करें देखें कि वह योजना के अनुसार है? यदि नहीं, तो देखें कि किन क्षेत्रों में खर्च में कटौती और जमा पूंजी में वृद्धि के लिए अवसर हैं।

प्रत्येक सप्ताह / महीने के अंत में सहेजी गई राशि निवेश करें या बैंक खाते में जमा करें।

15
Professional Financial Advice

अपने पैसे और समग्र वित्तीय स्थिति को कैसे प्रबंधित कर सकते हैं।

यदि आप अपने लक्ष्यों को प्राप्त करने में सक्षम होना चाहते हैं तो आपको एक योजना बनाने की ज़रूरत है। आप कैसे रहना चाहते हैं और भविष्य में कितना पैसा जुटाना चाहते हैं। इन सभी के लिए एक योजना आवश्यक है, जिसका आप पालन कर सकें।

आप एक अच्छी योजना कैसे बना सकते हैं?

सावधानी से विचार करें कि आपके लिए क्या महत्वपूर्ण है। बहुत सारी चीजें हैं जो महत्व रखती हैं, लेकिन एक ही समय पर सब कुछ हासिल नहीं हो सकता। तो आपको यह भी चुनना होगा कि सबसे महत्वपूर्ण क्या है? उन उद्देश्यों को पहले प्राप्त करें और अन्य को बाद के लिए स्थगित कर दें। इसके अलावा, आपको अपने जीवन में महत्वपूर्ण पड़ावों के बारे में सोचना होगा - भले ही वे दूर भविष्य का हिस्सा हो । उदाहरण के लिए:

- first नौकरी
- अपनी फर्स्ट कार खरीदना
- शादी
- बच्चे

- बच्चों की पढाई
- रिटायरमेंट

और ऐसी कई चीजें हैं जिन पर विचार करने की आवश्यकता है। वित्तीय नियोजन सभी के लिए लिए जरूरी है। ये आपके व्यक्तित्व और आप अपना धन कैसे निवेश करना चाहते हैं से संबंधित हैं ।

इस प्रक्रिया के बारे में आपको क्या जानने की ज़रूरत है?

एक शुरुआती बिंदु के रूप में, पैसे का प्रबंधन करते समय ध्यान रखने के लिए 3 मुख्य चीजें हैं:

1. हर व्यक्ति different है। आप दूसरों से अलग हैं जिसके अपने अलग विचार और जरूरते हैं। केवल अपने लक्ष्यों और उद्देश्यों के आधार पर ही अपना पैसा और योजना प्रबंधित करें। दूसरों द्वारा प्राप्त उच्च रिटर्न और उत्पादों की होड़ ना करें।
2. यदि आपके पास वित्तीय ज्ञान, अनुसंधान और गणना करने की ability है तो आप अपने वित्त को स्वयं प्रबंधित कर सकते हैं।
3. पेशेवर सलाहकार प्रशिक्षित, अनुभवी और इस क्षेत्र के विशेषज्ञ होते हैं। आप इन लोगों से एक सेवा

प्राप्त करते हैं, जिसके लिए उन्हें भुगतान करना होगा। योजनाकार fee+ commison, fee only या commison only मॉडल पर कार्य करते हैं। Fee only योजनाकार की ही सेवाएँ लें क्योंकि उन्हें उच्च कमिसन वाले उत्पाद बेचने का का लालच नही होगा ।

क्या आपको एक वित्तीय योजनाकार की आवश्यकता है?

आपको सलाह क्यों मिलनी चाहिए

"वित्तीय सलाहकार" पैसे प्रबंधित करने और सलाह प्रदान करने में प्रशिक्षित, योग्य और अनुभवी होते हैं। एक वित्तीय योजनाकार आपके

निवेश पोर्टफोलियो में जबरदस्त मूल्य जोड़ सकता है। एक खराब चयनित बीमा पॉलिसी या अनुपयुक्त म्यूचुअल फंड एक योजनाकार किराए पर लेने से अधिक महंगा पड़ सकता है। यदि आप अपने वित्त को स्वयं प्रबंधित कर सकते हैं तो यह अच्छा है |

हालांकि, निर्णय लेने से पहले निम्नलिखित प्रश्नों पर विचार करें।

क्या आपको अपने बजट में रहना और अपने वित्तीय लक्ष्यों को हासिल करना मुश्किल लगता है?

क्या आप पोर्टफोलियो में सिक्योरिटीज़ के मूल्य गिरने पर घबराते हैं या नींद खो देते हैं?

क्या आपके पास वित्तीय ज्ञान और अनुसंधान और गणना करने का इरादा है?

क्या खराब प्रबंधन के कारण पिछले कुछ सालों में आपको नुकसान का सामना करना पड़ा है?

वित्तीय मामलों में पेशेवर मदद लेना अभी भी हमारे समाज में प्रचलित नहीं है लेकिन यह कुछ है जिसे हमें अपनाने की जरुरत है। संकोच न करें, खासकर यदि आपके पास योजना बनाने की विशेषज्ञता, झुकाव, अनुशासन, या समय नहीं है। आइए वित्तीय सलाह मांगने से संबंधित विभिन्न पहलुओं को विस्तार से समझते हैं।

एक वित्तीय योजनाकार आपकी मदद कैसे कर सकता है?

1. एक वित्तीय योजनाकार आपको अपने पोर्टफोलियो के लिए सही संपत्तियों का चयन करने में मदद कर सकता है।
2. वह प्रत्येक संपत्ति के सही अनुपात का चयन करने में आपकी मदद कर सकता है।
3. वह आपको बजट तैयार करने में मदद कर सकता है, जो आपको वित्तीय लक्ष्य पहुंचने में मदद करेगा।
4. वह सही उम्मीदों को स्थापित करने में मदद कर सकता है।
5. अंत में, वह तर्कसंगत तरीके से कार्य करने के लिए भावनात्मक और व्यावहारिक कोचिंग प्रदान कर सकता है।

एक वित्तीय योजनाकार का चयन कैसे करें?

सबसे पहले और सबसे महत्वपूर्ण fee only योजनाकार की ही सेवाएँ लें। देखें कि क्या उसे आपके

पोर्टफोलियो आकार के खातों को संभालने का अनुभव है। अगर वह केवल 10 लाख रुपये के खातों को संभाला रहा है, तो वह 3 करोड़ रुपये के खाते के लिए उपयुक्त नहीं हो सकता ।

एक वित्तीय योजनाकार की जांच में, आपका लक्ष्य यह होना चाहिए

1. पता लगाएं कि योजनाकार वास्तव में अपने ग्राहकों के बारे में परवाह करता है या नहीं।
2. देखें कि आपकी मदद करने के लिए उसके पास सही शिक्षा और अनुभव है?
3. जांच करें कि क्या वह निवेश के बुनियादी सिद्धांतों को समझता है।

उनके ग्राहकों से सवाल करें कि उसने उनकी मदद कैसे की है? क्या ग्राहक उसकी सेवा के साथ संतुष्ट हैं? यदि हां, तो क्यों? प्रासंगिक प्रश्न पूछें। आप निवेश की सिफारिश कैसे करते हैं? आप क्या करते हैं, जब सिफारिश किए उत्पाद साल भर खराब प्रदर्शन करते हैं? अगर वह कहता है तो "बेचो" तो वह सही व्यक्ति नहीं हो सकता। मैं अपने निवेश पर क्या रिटर्न की उम्मीद कर सकता हूं? आप मेरा निवेश कैसे ट्रैक करेंगे?

कठिन प्रश्न पूछने में संकोच न करें, यह आपके कड़ी मेहनत के पैसे है। एक ऐसे सलाहकार का चयन करें जिसके साथ आप सहज हैं। अवास्तविक, गारंटीकृत या जोखिम मुक्त उच्च रिटर्न का वादा करने वाले, अटपटे उत्पाद दिखाने वाले या किसी निवेश के लिए जल्दी बाजी या धक्का करने वाले लोगों से दूर रहें।

योजनाकार का मूल्य

एक अध्ययन के मुताबिक, निवेशक जो वित्तीय योजनाकार के साथ काम करते हैं वह अपना पैसा खुद प्रबंधित करने वाले निवेशकों से बेहतर रिटर्न प्राप्त करते हैं। रिटर्न में अंतर सामान्य रूप में लगभग 2% और अन्य समय में लगभग 3-4% था। यह भी पाया गया कि निवेशक वित्तीय नियोजन के विभिन्न पहलुओं और उनके द्वारा जोड़े गए मूल्य के बारे में गलत धारणा रखते हैं। मार्गदर्शन एक सलाहकार द्वारा जोड़े गए कुल मूल्य का 50% और परिसंपत्ति आवंटन 35% का गठन करते हैं। ज्यादातर ग्राहक सोचते हैं कि मार्गदर्शन और व्यवहारिक कोचिंग का थोड़ा महत्व है। इस प्रकार, निवेशक न केवल सलाह के वास्तविक मूल्य का अनुमान लगाने में बल्कि कौन सा घटक सबसे महत्वपूर्ण हैं यह भी समझने में विफल रहते हैं।

उपसंहार

अब आपके पास विभिन्न म्यूचुअल फंड योजनाओं का ज्ञान और समझ है। मेरा मानना है कि अब आप अपनी विभिन्न जरुरतों के लिए उपयुक्त फंड योजनाओं का चयन कर सकते हैं। जितना अधिक आप इस ज्ञान को लागू करेंगे उतना ही कुशल आप बनेंगे।

निष्कर्ष निकालने से पहले हमने, अब तक जो कुछ सीखा है उसे दोबारा दोहराते हैं -

म्यूचुअल फंड क्या हैं?

व्यक्तिगत निवेशकों के लिए म्यूचुअल फंड क्यों एक अच्छा उत्पाद है?

विभिन्न प्रकार के म्यूचुअल फंड और उनकी विशेषताएं ।

कंपाउंडिंग, विविधीकरण और पोर्टफोलियो आवंटन जैसे निवेश के बुनियादी सिद्धांत ।

म्यूचुअल फंड पोर्टफोलियो का चयन, मूल्यांकन और निर्माण करने के लिए चरण-दर-चरण प्रक्रिया ।

मुझे आशा है कि यह पुस्तक आपके लिए उपयोगी थी, और इसे पढ़ने के लिए मैं आपका धन्यवाद देता हूं। कृपया मुझे अपनी टिप्पणियां और सुझाव भेजें। आपकी प्रतिक्रिया से मुझे इस मार्गदर्शिका में सुधार करने में मदद मिलेगी।

अजय सिंह

अजय सिंह वित्तीय साक्षरता के प्रति उत्सुक हैं। वे लोगों को वित्तीय मामलों और खास तौर पर म्यूचुअल फंड के बारे में शिक्षित करते हैं। उनका प्राथमिक लक्ष्य वित्तीय नियोजन पर शिक्षा और व्यावहारिक सलाह देकर निवेशकों को सशक्त बनाना है। अजय ने वित्त में एमबीए किया है। वे हिसार में रहते हैं।

Error/ Corrections/ Edits

पेज 54

संख्या 72 का जादू!

बैंक ने जमा पर 8% की ब्याज दर की पेशकश की है। श्री पाटिल जानना चाहता है कि उसका पैसा कब दोगुना होगा। क्या आप श्री पाटिल की मदद कर सकते हैं?

बस 72 / 8 = 9 साल

72 को ब्याज की दर से विभाजित करें।

दिए गए वर्षों में पैसा दोगुना हो जाता है।

पेज 30

एसआईपी के बारे में मिथक

6.   अगर एसआईपी कई सालों से चल रहा है तो निकास भार (एग्जिट लोड) काटा नहीं जाएगा? किसी भी भुगतान के लिए निकास भार काटा जाएगा जो लोड छूट के लिए निर्धारित अवधि पूरी नहीं कर पाये हैं । उदाहरण के लिए यदि आपने 1 जनवरी 2016 से 1 जनवरी 2017 तक एसआईपी की था और 1 साल से पहले रिडेंप्शन के लिए लोड एक प्रतिशत है। यदि आप सभी इकाइयों का भुगतान 1 फरवरी 2017 को लेते हैं तो 1 फरवरी 2016 से 1 जनवरी 2017 तक की सभी निवेशों के लिए एक प्रतिशत का एग्जिट लोड देना होगा। 1 फरवरी 2016 से 1 जनवरी 2017 तक की सभी निवेशों ने निर्धारित अवधि पूरी नहीं की है।

पेज 6

CDSC = Contingent Deferred Sales Charge

पेज 78

स्पोर्ट्स बाईक

तब से वह स्पोर्ट्स बाईक और उसके साथ ड्राईव करने के विचार से आसक्त हो गई है।

www.ingramcontent.com/pod-product-compliance
Lightning Source LLC
Chambersburg PA
CBHW031304130726
47988CB00007B/2720